DINTER · SCHULE DER KREATIVITÄT

Horst Dinter

Schule der Kreativität

Aulis Verlag Deubner & Co KG
Köln

CIP-Kurztitelaufnahme der Deutschen Bibliothek

Dinter, Horst:
Schule der Kreativität / Horst Dinter. –
Köln: Aulis Verlag Deubner, 1985.
ISBN 3-7614-0805-6

Best.-Nr. 6065

Druck und Einband: Präzis-Druck GmbH, Karlsruhe
Umschlagkarikatur: Cork
ISBN 3-7614-0805-6

Hier steht bei ordentlichen Büchern entweder ein Vorwort oder das Inhaltsverzeichnis. In diesem Buch finden Sie schon die erste Aufgabe, für deren Lösung Sie ein wenig Kreativität brauchen werden. Versuchen Sie sich an ihrer Lösung, und entscheiden Sie erst dann, ob Sie weiterlesen oder das Buch lieber wieder weglegen wollen.

Also:

(Szene auf dem Marktplatz)

Der Wochenmarkt ist fast schon zuende. Die Eierfrau hat nur noch wenige Eier in ihrem Korb, aber sie möchte nicht ein einziges Ei wieder mit nach Hause nehmen. Deswegen wird sie ihre letzten Eier ein paar Pfennige billiger verkaufen.

Es gelingt:

- dem nächsten Kunden verkauft sie schon die Hälfte ihrer Eier - und ein halbes Ei;

- vom Rest verkauft sie an einen weiteren Kunden wiederum die Hälfte - und ein halbes Ei;

- der dritte Kunde schließlich bekommt ebenso vom Rest die Hälfte - und ein halbes Ei

und ihr letztes Ei schenkt sie dann dem Marktplatzwärter.

(Zerschlagen hat sie natürlich kein einziges Ei!)

Mit wievielen Eiern hat die Eierfrau ihren 'Ausverkauf' begonnen?

Sie hoffen nun, die Antwort auf diese Frage auf der nächsten Seite zu finden. Dort steht sie auch. Aber bitte: haben Sie sich lange genug um Ihre eigene Lösung bemüht?

Wir haben Sie vor diesem Buch gewarnt! – Immerhin – Sie können es auch jetzt noch weglegen oder an einen Mitmenschen verschenken, den Sie schon längst einmal ärgern wollten!

Zuvor jedoch lesen Sie selbstverständlich noch

die Lösung:

Die Eierfrau hatte noch 15 Eier - eine Mandel - im Korb.

Der erste Kunde bekam davon die Häfte (= 7 1/2) und ein halbes Ei, also acht Eier; . . . (Wir können uns den Rest der Rechnung schenken, weil Sie inzwischen kreativ zu denken begonnen haben!)

Man kann die Aufgabe auch über eine Formel lösen:

Der Marktplatzwärter bekam ein Ei, das letzte. Damit ist 1 eine 'rechnerisch feste Größe'. Weitere solche Größen sind 'drei halbe Eier', die so verrechnet werden müssen, daß kein Ei zerschlagen wird. Daraus folgt:

1 + (dem unbekannten x/2 zugeschlagen) 1/2 = x/2; also: x = 3.

Und weiter: 3 + 1/2 = x/2; . . .

Der Text dieser Aufgabe ist recht klar und verhältnismäßig kurz. So haben Sie hoffentlich schnell erkannt, daß die gesamte Einführung, also die Marktplatz-Szene und die Preisnachlaß-Überlegungen, mit der Rechenaufgabe selbst gar nichts zu tun hatten.

Wichtig hingegen ist der Hinweis auf den Marktplatzordner: er bekommt das letzte Ei, den 'Schlüssel' zur Lösung.

Merke:

> *Man muß den Kern einer Aufgabe freilegen und alles Beiwerk, alles Drumherum gründlich übersehen.*
> *Aber Vorsicht: erst feststellen, was wirklich Beiwerk ist!*

Und noch etwas: Lassen Sie sich von dieser ersten Aufgabe nicht ins Bockshorn* jagen! Sie ist schwierig! In unserer Aufgabensammlung hingegen finden Sie auch wesentlich leichtere Probleme, die Ihnen auf dem Wege zu eigenen kreativen Lösungen viel Spaß machen werden.

* Was es mit dem 'Bockshorn' auf sich hat, können Sie im Glossar nachlesen.

Vorbemerkungen und eine dringende Bitte

Wir wenden uns mit diesem Buch an Lehrende (- nicht nur an Lehrer!), weil seine Anregungen für alle nützlich sein können, die mit Gruppen, aber auch mit Einzelpersonen kreativ arbeiten wollen. Wir sprechen deshalb folgerichtig auch stets von 'Arbeitsgruppen' - und nicht von Schulklassen.

Lehrende sind auch die Eltern, die Großeltern. Vielleicht sind die eigenen Kinder und die Enkelkinder sogar besonders dankbar für die Förderung ihrer kreativen Anlagen. Und was die 'äußeren Bedingungen' für kreatives Arbeiten anlangt (—▷ 1.1), so können gerade sie im kleinsten (Familien-)Kreise am besten hergestellt werden.

Sie werden schnell feststellen, daß wir besonders zahlreiche Aufgaben für junge Menschen zusammengetragen haben. Dazu sollen Sie schon hier erfahren:

Die Kreativität zu üben bringt bei jungen Menschen die besten und dauerhaftesten Erfolge!

Nun eine Bitte, die Sie wirklich beachten sollten:

Dieses Buch will Ihnen helfen, neue Formen des Umgangs mit Lernenden zu entwickeln, oder - bescheidener - diese Arbeit ab und an mit neuen Formen ein wenig anzureichern. Dazu ist es unbedingt nötig, daß Sie sich mit allen Aufgaben, allen Lösungsvorschlägen usw. zunächst gründlich selbst beschäftigen, die Texte nach-denken, die Bilder sehr genau betrachten, die Lösungen nach'spielen' und vielleicht sogar neue Lösungen oder Lösungsvarianten zu finden versuchen. Bitte führen Sie niemals eine Aufgabe in Ihre Arbeit ein, mit der Sie sich nicht sorgfältig vertraut gemacht haben, die Sie nicht selbst gelöst haben. Nur so werden Sie auch den Schwierigkeitsgrad der einzelnen Aufgaben und damit ihre Eignung für die Arbeit mit ganz bestimmten Lernenden-Gruppen richtig einzuschätzen wissen. - Und Sie werden Ihrer eigenen Kreativität wesentlich helfen!

Nehmen Sie den Satz ernst:

Kreative Schüler brauchen kreative Lehrer!

Und noch ein wichtiger Hinweis:

Dieses Buch ist kein Leitfaden zur Feststellung der Kreativität, und unsere Aufgaben sind keine Kreativitäts-Tests. Sie wollen lediglich Anregungen zu kreativem Tun geben und versuchen, den kreativen Prozeß ein wenig zu erhellen. Dabei müssen wir es offen lassen, ob die Beschäftigung mit den Aufgaben wirklich bei allen Arbeitsgruppen-Mitgliedern Kreativität fördern kann, ob die Aufgaben also im Sinne unseres Vorhabens 'valide' sind.

Warum wir Ihnen dringend davon abraten müssen, mit unseren Aufgaben die Kreativität Ihrer Arbeitsgruppen-Mitglieder 'heraustesten' zu wollen? Nun, Kreativität ist – Sie werden das auf den nächsten Seiten noch oft erfahren – ein so komplexes Phänomen, daß selbst hochbedeutende Kreativitätsforscher an der Aufgabe gescheitert sind, Kreativität für eine ganz bestimmte Gesellschaft, für eine größere Gruppe genau zu beschreiben. Und noch weniger gut ist es gelungen, einen allgemeinen Begriff von Kreativität zu entwickeln. (Dazu ein – ziemlich billiges – Beispiel: In unserer Gesellschaft würde man einem jungen Menschen, der selbständig eine elektrische Wechselschaltung erdenkt, bestenfalls eine 'mittlere' Kreativität bescheinigen. In einem (technisch) sehr viel weniger entwickelten Lande wäre er mit der gleichen Leistung vermutlich hoch angesehen, und bei den Pygmäen in Innerafrika ist eine solche Leistung schlechthin unvorstellbar. Aber man kann sich wohl auch keinen vergleichbaren(!) Test vorstellen, mit dem man den Pygmäen gerecht werden würde.)

Mit diesem Beispiel ist eine Schwierigkeit aufgezeigt, die bei Kreativitätstests notwendig auftritt: wir kennen keine allgemein-gültigen Bewertungskriterien für die Qualität einer kreativen Leistung! War etwa TIZIAN kreativer als PICASSO, BEETHOVEN besser als BACH? Wollen wir wirklich feststellen, daß GOETHE, das 'Universal'genie, bedeutender war als KLEIST, der 'nur' gedichtet hat? RUDOLF DIESEL ist 'lediglich' durch seinen Motor berühmt geworden - von TH.A. EDISON kennen wir eine lange Reihe ungewöhnlicher Erfindungen. Wer war kreativer?

Und offenbar verteilt auch bei der öffentlichen Bewertung solcher Kreativität die Nachwelt ihre Gunst ganz unterschiedlich: der DIESEL-Motor ist weltbekannt, aber keine Erfindung EDISONs trägt seinen Namen.

Bitte versuchen Sie also nicht, unsere Aufgaben zu Kreativitätstests umzufunktionieren! Ein solcher Versuch dürfte zudem noch recht schwierig werden, weil wir nur hier und da einmal eine Bewertungs- oder Auswertungsmöglichkeit angedeutet haben - die jedenfalls für einen korrekten Test völlig unzureichend wäre.

Inhalt **Seite**

Seite

1.1 'Äußerliches'

Ehe Sie mit diesem Buch zu arbeiten beginnen, machen Sie bitte folgendes:

Lüften

Prüfen Sie, ob Ihr Arbeitsraum ausreichend gelüftet ist -
und schließen Sie dann Fenster und Türen, damit Sie durch Fremdgeräusche möglichst wenig gestört werden.

Fremdgeräusche

Schalten Sie deshalb auch Ihr Rundfunkgerät ab! Und wenn Sie unbedingt Musik hören müssen: drehen Sie sie möglichst leise!

Arbeitsmaterial

Legen Sie sich Ihr Arbeitsmaterial - Notizblock/Skizzenblock, Stifte; Wörterbücher, Lexika usw. - handgerecht auf einen möglichst gut aufgeräumten, 'übersichtlichen' Arbeitsplatz.

Uhr

Sie sollten sich auch eine Uhr bereitlegen, nicht, um Ihre Fixigkeit beim kreativen Arbeiten bzw. beim Problemlösen zu überprüfen, sondern weil es wichtig ist, bei der Lösung hartnäckiger Problemfälle nach spätestens(!) 45 Minuten eine längere Pause zu machen (—▷3.3).

Tageszeit

Es gibt Tageszeiten, an denen man leichter, und andere Tageszeiten, an denen man wesentlich mühsamer kreativ arbeiten kann. Für Ihre eigenen Versuche zur Kreativität probieren Sie das am besten aus. Im Schulunterricht, in der Gruppenarbeit haben wir leider nur ganz selten einmal die Möglichkeit, günstige Arbeitszeiten frei zu wählen. Aber grundsätzlich gilt: die Zeit der besten a l l g e m e i n e n Leistungsfähigkeit - in der Mitte des Vormittags - ist auch die Zeit erhöhter Kreativität.

Natürlich gelten die Ratschläge, die wir Ihnen zunächst für Ihre eigene kreative Arbeit gegeben haben, auch und ganz genau so für kreatives Arbeiten mit der Gruppe, - nur daß dort einiges ein wenig schwieriger zu bewerkstelligen ist, etwa die Abschirmung der Lernenden von Fremdgeräuschen.

Zweifellos ist richtig, daß gute äußere Arbeitsbedingungen schöpferisches Tun fördern. Und vielleicht noch eindeutiger gilt, daß Kreativität durch schlechte Arbeitsbedingungen nachhaltig behindert wird. Sorgen Sie also zunächst für's beste 'Arbeitsklima'! Deshalb sind diese ersten Ratschläge, die so lächerlich 'äußerlich' wirken, ganz ernst gemeint - und Sie sollten sie auch ernst nehmen!

1.2 **Ziemlich ausschweifende Einführung**
mit Hinweisen auf besondere Themenschwerpunkte

Wir haben, wo es irgend möglich war, die Erörterung bestimmter wichtiger Einzelheiten im kreativen Prozeß an Aufgaben angehängt, die Sie lösen sollen. Das ist eine (vorsichtige) Nötigung. Aber sie begründet sich 'systematisch': wir wollen die Theorie so nahe wie möglich zum sinn-fälligen, praktischen Beispiel stellen. Das bedeutet aber nicht,

- daß etwa n u r diese Einzelheit besonders auffällig, besonders einprägsam erscheint,
- daß sie nicht auch anderswo auffällig sein könnte.

Wenn wir es trotzdem immer nur bei der Erörterung e i n e r Einzelheit belassen, dann ausschließlich deswegen, weil man sonst immer in ein großes Beziehungsgeflecht hinein gerät, über dessen Funktionen man wohl erst am Ende dieses Buches handeln kann.

Lassen Sie sich nicht durch die Aufgaben-Zusammenstellungen unter 1.3 kopfscheu machen. Sie soll nur solchen Fachvertretern helfen, die Denkerziehung mit unseren Aufgaben in ihrem Fachunterricht versuchen wollen. - Sie hingegen sollten sich grundsätzlich mit allen Ihnen angebotenen Aufgaben beschäftigen, auch wenn Sie bisher glaubten, z.B. zu den Naturwissenschaften, zur Mathematik, zur Technik oder zu irgendeiner anderen Gruppe unserer Themen kein gutes Verhältnis zu haben. Vielleicht bessert sich dieses Verhältnis ja noch?

Keine unserer Aufgaben verlangt besondere Fachkenntnisse. Eine gesunde Allgemeinbildung reicht für die Lösungen vollkommen aus.

Apropos Allgemeinbildung! Wir weisen Sie auf eine Bemerkung zur Allgemeinbildung im Glossar hin, die Sie nachdenklich machen soll. Aber vielleicht grübeln Sie jetzt schon einmal darüber, was mit 'gesunder' Allgemeinbildung gemeint sein könnte.

Überlegen Sie bitte: ist es nicht p a r a d o x , wenn man jemanden auffordern muß: sei kreativ!

Im (DUDEN-)Fremdwörterbuch steht bei Paradoxon (gr.): das Widersinnige; der Widerspruch in sich . . ., und die Schriftstellerin F. BEUTELROCK schreibt: "Paradox ist, wenn man erst etwas auf den Kopf stellen muß, um es aufrecht zu erhalten."

Ist die Aufforderung 'sei kreativ' etwa ebenso paradox wie die

Mahnung 'sei spontan', über die Sie ganz am Schluß dieses Buches noch einmal nachdenken sollen, weil beide, die Kreativität und die Spontaneität, 'aus uns selbst' kommen müssen, 'unser Teil' sind - und niemandes sonst? Richtig ist, daß alle Kreativität in uns selbst angelegt sein muß, als 'Schöpferkraft'. Aber wir müssen uns nicht auf den Kopf stellen, um uns unsere Kreativität zu beweisen. Zur Kreativität darf man durchaus angestoßen werden; in jedem Falle zu mehr Kreativität, etwa deshalb, weil Kreativität bei uns verschüttet sein kann, weil sie noch nicht 'geweckt' ist, weil . . .

Es ist gewiß richtig, wenn behauptet wird, daß jeder Mensch 'irgendwie' kreativ sei (s.a. bei 2.2.2). Unsere Kreativität gehört zu unserem Menschsein. Und es ist vermutlich nicht einmal ein Mengenproblem, eine Frage des Kreativitäts-'Potentials', ob jemand für kreativ gelten kann oder nicht. Da gibt es z.B. die latente Kreativität, die niemals (heraus-)gefordert wird. In unserer so wundervoll geordneten, reglementierten und abgesicherten Welt wird sie nicht gebraucht. (Vielleicht ist dieses Buch deswegen nichts anderes als eine Heraus-Forderung?) Da könnte jemand ausgerechnet auf einem Gebiet kreativ sein, auf dem längst alles gefunden oder erfunden oder entwickelt zu sein scheint. Dann kommt er mit seinen Gedanken und Einfällen immer zu spät. Niemand will mehr etwas von ihnen wissen. Oder er ist mit seinen Ideen seiner Zeit zu weit voraus. Dann kann sie (noch) niemand verstehen. In beiden Fällen läuft der Kreative Gefahr, an seiner Kreativität irre zu werden. Und nur wenn unsere Gesellschaft mehr über Kreativität weiß, wird sie endlich diesen Hinterher-Träumern und diesen Voraus-Spinnern und ihren geistigen Leistungen gerecht werden.

Ich erinnere mich:

Als Junge, zwölf oder dreizehn Jahre alt, habe ich einmal einen Turbinenmotor zu entwerfen versucht, zu einer Zeit, als über solche Motoren für Fahr- oder Flugzeuge zumindest 'öffentlich' nicht laut nachgedacht wurde. Er entstand ganz langsam, auf dem Papier, in einer Folge sehr einfacher 'Konstruktions'zeichnungen.

Damals gab es noch Wasserräder, die richtig arbeiten mußten. Und ich habe für meinen Motor nur das Funktionsprinzip des Wasserrades in den 'Strom rasch fließender Gase' zu übertragen versucht. Technisch-konstruktive Schwierigkeiten sind mir natürlich nicht aufgefallen.

Ich habe lange gezögert, ehe ich die letztgültige Zeichnung meinem Physiklehrer zeigen mochte. Er hat sie sich eine Weile ganz ernsthaft angesehen. Dann sagte er: "Bemerkenswert! Theoretisch müßte er funktionieren. Leider sind wir beide keine so guten Praktiker, daß wir das einmal ausprobieren könnten. Aber die Idee alleine . . ."

Auch diese Lehrerworte waren be'merkens'wert! Ich habe sie jedenfalls über viele Jahrzehnte hin nicht vergessen!

Natürlich habe ich den - brauchbaren - Turbinenmotor nicht erfunden, aber die vorsichtige Ermutigung meines Physiklehrers ('. . . die Idee alleine' . . .!) hat mir später immer wieder einmal über eine Hemmschwelle geholfen, die sich vor uns aufbaut, wenn wir glauben, auf etwas ganz Ungewöhnliches gestoßen zu sein, etwas, das wirklich ganz 'neu' ist.

Apropos 'neu': wir sprechen etwas weiter unten noch über diese besondere Qualität.

Zunächst aber versuchen Sie sich bitte zu erinnern:

Haben Sie auch einmal etwas erfunden? Haben Sie gedichtet, komponiert, ein neues Gesellschaftsspiel erdacht?

Zeichnen, malen und vielleicht skulptieren durften Sie mit einiger Sicherheit in der Schule. Für diese 'Richtung' unserer Kreativität gibt es dort - im Kunstunterricht - recht brauchbare Anstöße. Die Dicht'kunst' und die musikalische Kreativität, das Komponieren und die interpretierende Bearbeitung von Musik werden in der Schule weit weniger gefördert. Um so besser, wenn Sie sich aus eigenem Antrieb einmal damit versucht haben.

Zurück zur Qualität 'neu'.
Ist denn jemand wirklich kreativ, der längst Erfundenes (lediglich) noch einmal erfindet? Diese Frage läßt sich mit einem ganz einfachen Beispiel beantworten. Es stammt aus einem Bereich, der vielen, den meisten von Ihnen ziemlich fremd sein dürfte, auf den Sie jedenfalls die Schule nicht vorbereitet hat, aus der Technik.
Bitte spielen Sie mit!

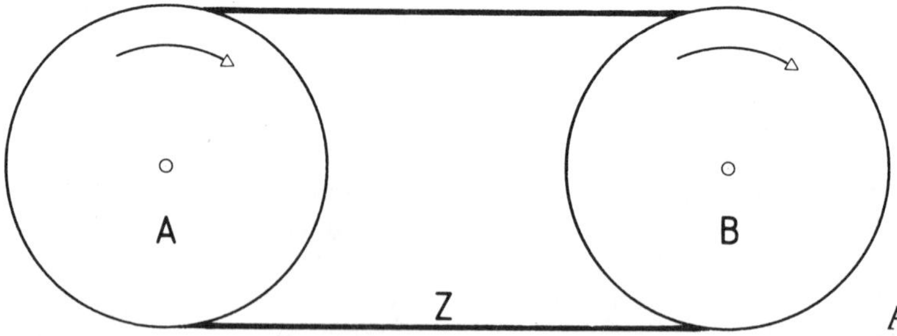

Abb. 1

Unser Bild 1 zeigt eine 'Transmission', ein Zugmittelgetriebe, das eine Drehbewegung vom Antriebsrad A zum Abtriebsrad B übertragen soll (⟶ trans-mittieren = hinüber-schicken). Z ist das Zugmittel, z.B. ein Seil, ein Riemen o.ä.. Die Pfeile auf den Rädern deuten an: bei dieser konstruktiven Anordnung drehen beide Räder des Getriebes in der gleichen Richtung, 'gleichsinnig'.

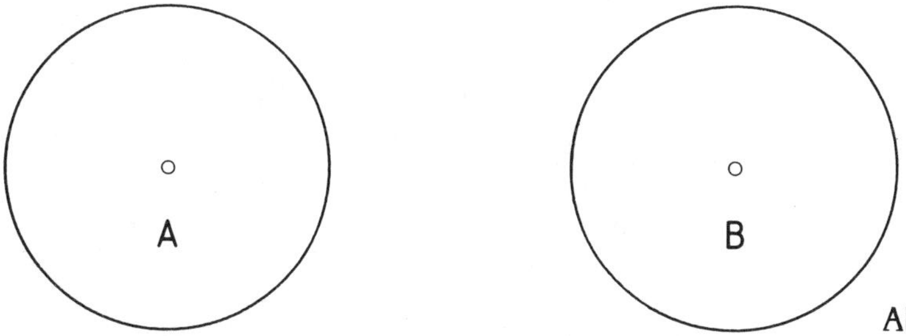

Abb. 2

Zeichnen Sie nun ins Bild 2 ein, wie das Getriebe aussehen muß, wenn das Abtriebsrad B in der Gegenrichtung zu A, also 'gegensinnig' drehen soll.

Kannten Sie die Lösung schon? Wenn Sie sie nicht gefunden haben sollten, sehen Sie auf der Seite 127 nach.

Oder ist sie Ihnen eben eingefallen? Dann waren Sie kreativ! Sie haben etwas erfunden!

Ebenso geht es einem Schüler, der diese Lösung an einem Funktionsmodell entwickeln soll, jedenfalls dann, wenn er sie nie vorher gesehen hat. (Transmissionen dieser Bauart sind heute schon sehr selten. Und es ist durchaus möglich, daß in einer ganzen Arbeitsgruppe nicht ein einziger junger Mensch diese uralte Bauform noch kennt.)

Das Funktionsprinzip 'Zugmittel überkreuz' ist von irgendjemandem schon vor ein paar hundert Jahren entwickelt worden. Wir kennen den Erfinder nicht. Seinerzeit war das sicherlich die herausragende Leistung eines erfinderischen Erwachsenen. Heute wird sich an dieser (Ihrer) Erfindung, an einer solchen 'Erfindung' Lernender niemand mehr begeistern: man kennt sie längst; sie ist - für die Allgemeinheit - un-interessant!

Das ist schade. Denn wenn jemand diese Lösung wieder neu findet (⟶ erfindet), ist das auch heute noch eine ebenso kreativ-'geniale' Leistung, wie die des unbekannten Technikers von damals. Schade ist es vor allem deswegen, weil nun im allgemeinen das geschieht, von dem oben schon die Rede war: niemand vermerkt diese Leistung; sie wird als bedeutungs-los abgetan, heruntergewertet. Und wenn das öfter einmal geschieht, findet der Lösende selbst seine Einfälle nicht mehr erwähnenswert. – Er 'gewöhnt sich seine Kreativität ab'.

Übrigens –
haben Sie sich für die Arbeit an Ihrer Lösung Hilfen gesucht? Haben Sie etwa vorab in die beiden Räder der Abb. 2 zwei Richtungspfeile

Lösungshilfen

für die geforderte Drehrichtung eingezeichnet? Dann waren Sie – in einem bescheidenen Sinne – auch dabei kreativ! Haben Sie zur Kontrolle auch Pfeile an das Zugmittel gelegt? Bravo!

Wir sind soeben auf eine wichtige Grundregel

(Bewertung)

zur Bewertung kreativen Tuns gestoßen:

'Nutzen'

Es kann nicht nach seinem Nutzen – z.B. für die 'Allgemeinheit' – bewertet werden!

– denn Nutzen bringt die Nach-Erfindung des gekreuzten Zugmittels der 'Allgemeinheit'

Erfolgserlebnis

nicht – höchstens Ihnen selbst: als Erfolgserlebnis.

Mehr dazu bei 2.6

Also es gilt: Sei kreativ! Entdecke Deine Kreativität! Oder: Entdecke sie wieder! – und entwickle sie!

Vielleicht gehören Sie ja zu denen, die sich einmal haben etwas einfallen lassen, die etwas ent-wickelt, er-funden haben und die man dann abschätzig beschieden hat: "Alles schon dagewesen! Nicht die Rede wert!" (Mithin: nicht einmal soviel wert, daß man darüber spricht!)

Sie stutzen. Heißt es nicht '...der Rede wert'? – Tatsächlich, im Wörterbuch steht es so. Aber ist das richtig? Es heißt auch '...der Mühe wert', – und auch hier die Frage: ist das richtig? Wir sagen – anders –, etwas sei 'keinen Pfennig wert' – Akkusativ!
Nun, wir wollen uns nicht als Sprach-Bilderstürmer verstehen. Aber wer sich das Recht nimmt, eigene Gedanken zu haben, zu ent-wickeln, der sollte sich auch das Recht nehmen, mit der Sprache immer dann nach eigenen Gedanken umzugehen, wenn sich ihm so ihr Sinn besser ent-deckt.
Und wenn Sie ob Ihrer eigen-artigen Rede jemand 'zur Rede stellt'?
Dann soll er Ihnen zunächst erklären, warum er – jeden-falls – die Form '...der Rede wert' benutzen würde. Es gilt nicht, wenn er nur weiß: "Weil alle es so sagen!" (weiter bei 4.6)

Warum haben Sie eigentlich die Aufgabe mit der Transmission zu lösen versucht? Nur, weil wir Sie dringend dazu aufgefordert hatten? Sie hätten auch dieses Buch aus der Hand legen und sich über unsere Zumutung entrüsten können. Schließlich wollen Sie ja a n d e r e die Kreativität entdecken lassen!

Aber das gelingt Ihnen vermutlich nicht, wenn Sie nicht selbst ein wenig kreativ sind! 'Kreative Schüler brauchen kreative Lehrer'!

Sie haben sich zur Arbeit an unserer Aufgabe m o t i v i e r e n lassen, - und das war offenbar nicht besonders schwierig. Die Kreativität ist etwas Ur-Menschliches! (Wie nützlich manchmal Bindestriche sind!)

Wir sprechen über Motivation noch in einer ganzen Reihe weiterer Teilbeiträge, aber aus eigener Erfahrung wissen Sie schon jetzt: es erfordert keinen großen Aufwand, wenn man jemanden zu kreativem Tun bewegen und dabei halten will!

Wissen Sie noch, wie Sie zu Ihrer Überkreuz-Lösung in der Transmissions-Aufgabe gekommen sind? Es wäre schon erstaunlich, wenn Sie es wüßten, wenn Sie den Lösungsvorgang in Gedanken rekonstruieren könnten. Sie waren mit dem Inhalt Ihrer Aufgabe beschäftigt, nicht mit dem eigenen Verhalten, nicht einmal mit Ablauf-Einzelheiten in Ihrem Arbeitsprozeß.

Tatsächlich gelingt die S e l b s t b e o b a c h t u n g bei kreativer Tätigkeit, beim Problemlösen nur selten und auch nur dann, wenn man genau weiß, wo und wann man den Lösungsvorgang ohne fatale Nachwirkungen (kurz!) unterbrechen darf. (Wir handeln über Selbst- und Fremdbeobachtung bei 3.6. Dort erfahren Sie auch mehr über das Nach-Denken, über die Rekonstruktion eines Lösungsvorgangs, denn auch dazu sind ein paar gezielte Hinweise durchaus nützlich.)

Blättern Sie bitte zur Transmissions-Aufgabe noch einmal zurück und lesen Sie den Text. Wußten Sie, daß die Drehrichtung in einem Getriebe Dreh'sinn' heißt? – Warum? Tatsächlich ist Dreh'sinn' eine wohlüberlegte Wortbildung, denn in seiner Urbedeutung (idg. = sent-) meint "sinnen": eine Richtung nehmen, einen Weg suchen. Vergleichen Sie auch: 'im Uhrzeiger-Sinn'.

Jetzt wissen Sie es! Es ist durchaus möglich, daß der Fachbegriff 'Drehsinn' Ihnen in Ihrem Leben nie wieder begegnen wird. Sie dürfen ihn getrost vergessen.

Weitaus die meisten Aufgaben dieser Sammlung stammen aus der Mathematik, aus den Naturwissenschaften/der Physik und aus der Technik. Das rechtfertigt den Titel dieses Buches.

Vielleicht haben diese Aufgaben allererst den Vorteil, daß sie auf kürzestem Wege zu einer(?) richtigen, nachprüfbaren Lösung führen, daß ihr Lösungsweg übersichtlich bleibt. Wir werden es sehen!

Also müssen die Aufgaben 'zur Sprache', die immer wieder eingeschoben sind – jedenfalls ein bißchen aus dem Rahmen fallen –, eine ganz eigene Bedeutung haben. Nun, wir Menschen können uns unseren Mitmenschen 'sprachlich' mitteilen. Und ganz folgerichtig haben wir unsere Sprache zu einem besonders fein-sinnigen Werkzeug unseres Mitteilungsbedürfnisses gemacht, – feinsinnig und daher auch empfindlich.

Die Aufgabenstellungen in diesem Buch sind sprachliche Texte. Zu ihrem besseren Verständnis können Abbildungen zwar helfen, aber verständlich müßten sie auch ohne diese 'Zutaten' sein (– von wenigen Ausnahmen abgesehen). Bei den Lösungen wird man ebenso nur selten ohne Sprache auskommen, und die Beschreibungen der Lösungswege sind, der Begriff sagt es, un-sprachlich gar nicht zu denken.

Gefordert wird dabei immer eine knappe und sehr präzise Sprache, die genau das sagt, was nötig ist, nicht mehr und nicht weniger. Diese Sprache muß geübt werden, ist zumindest gewöhnungsbedürftig. Es ist nicht unsere Alltagssprache, die umschweifig sein oder sich mit Andeutungen begnügen darf.

Zum Üben vor allem dienen unsere Sprach-Aufgaben. Und wenn wir Sie sogar einmal zum 'Märchen'erzählen, zum Fabulieren auffordern (– es ist übrigens eine Sage, die Sie bearbeiten sollen!), so ist das zum eben Gesagten kein Widerspruch: die alten Volksmärchen und -sagen (—▷ GRIMM) erzählen durchweg in einer so sparsamen und doch aussagekräftigen Sprache, daß sie uns für unsere Arbeit gut als Vorbild dienen können. (4.5.2)

Arbeiten 'am Text' heißt auch: einen Text 'elaborieren'. Dazu sprechen wir bei 4.1.7 (4.2.3; 4.5.2; 4.5.4) 7.

Eine Frage wird Sie, muß Sie beim Lesen jeder Seite dieses Buches, beim Studieren jedes Beispiels immer wieder beschäftigen: Ist das, was hier geschrieben steht und was gelegentlich sogar wie eine Handlungsanweisung aussieht, manchmal auch eher wie eine freundliche Utopie, ist das im Unterricht wirklich übertragbar? ('Im Unterricht', nicht 'in den Unterricht'! Sonst ist es immer nur eine Frage nach dem persönlichen Geschick des Lehrenden und nicht die Frage nach Unterricht als Lernform, als Lern'programm' sozusagen.) Ist es übbar, also aus bescheidenen Ansätzen heraus ständig und konsequent zu verbessern?

Ganz so einfach, wie das Kopfrechnen oder ein paar Regeln der Rechtschreibung, kann Kreativität/ —▷ das Problemlösen nicht geübt und auch nicht vom jeweils eindeutig gelösten Fall auf einen 'ähnlichen' Fall hinüber-gedacht werden. Aber auf

der Ebene der 'strukturellen Beziehungen' gelingt es. Jedenfalls!
Über diese 'strukturellen Beziehungen', über 'Ähnlichkeiten' und über 'Identität', 'Transfer' und Training sprechen wir ausführlich bei 4.5.5.

Im soeben abgeschlossenen Abschnitt werden Kreativität und Problemlösen durch einen „—▷" ganz eng aufeinander bezogen. Aber – gibt es keinen wesentlichen Unterschied zwischen diesen beiden Begriffen? Und was hat es mit dem 'divergenten Denken' auf sich, das oft in den gleichen Zusammenhang gebracht wird?
Große Ähnlichkeiten und kleine Unterschiede besprechen wir bei 2.1.
Wir haben in dieser Einführung auf ein paar Kardinalpunkte unseres Buches hingewiesen. (Natürlich haben 'Kardinal'punkte auch etwas mit dem 'Kardinal' zu tun. Und weil cardinal vom (lat.) cardo = Dreh-/Angel-Punkt kommt, paßt es in unseren Zusammenhang sogar besser als zu dem hohen katholischen Geistlichen, der eher ein 'Fest'punkt sein sollte! – Pardon!)
Aber wir sprechen nicht nur über diese 'Drehpunkte'! Das zeigt das Inhaltsverzeichnis!

Die Aufgaben in der Reihenfolge

Seite

Die Aufgaben – nach Sachgebieten geordnet

Marktszene mit Eierfrau (nach Titelblatt)

Zugmittelgetriebe (in der Einführung)

sprachliche		*freie*		*mathematische*		*naturwissenschaftl.*		*technische Aufgaben*	
						Dracheninsel (im Grundlagenteil)	●●●		
"Unser täglicher ..."	●	Auf dem Bolzplatz	●			Flaschenöffner	○	Vom Drehsinn	●
"Immer der Nase ..."	●	"Störe meine Kreise"	●			Gleichgewicht (1)	●		
		Milch-Überkoch-Verhütungs-Vorrichtung	○						
		Drachensteigen	●●	Spiel mit der Diagonale	●●	Das DUNCKER-Problem	●●	Kettentrieb - Zahnriementrieb	●●
Bilder ordnen	●●			Eine 'Weltformel'	●●	Rollstuhl-Aufgabe	●●	Kipphebel	●●
Federball	●●			Viertelkreis-Problem	○○	Kind im Brunnen	●●	Gleichgewicht (2)	●●
'Rattenfänger 19..'	●●	Streichholzaufgabe (1)	●●						
Drehbuch-Problem	●●								
		Streichholzaufgabe (2)	●●●					Schemelbein	●●●
Paradoxie	○○○	Neun-Punkte-Aufgabe (1 und 2)	●●●						

● einfache Aufgabe ●● mittlerer Schwierigkeitsgrad ●●● schwierige Aufgabe ○ Der Schwierigkeitsgrad ist (vergleichbar!) nicht zu bestimmen.

Wir haben versucht, den Schwierigkeitsgrad der einzelnen Aufgaben nach dem Anteil divergent-kreativen Denkens bei der Lösung bzw. nach dem Einsatz ganz bestimmter Problemlösefähigkeiten festzustellen. Unsere Schwierigkeitssymbole sehen aus wie die Zahlenflächen eines Spielwürfels; – durchaus absichtlich, denn die Bestimmung des Schwierigkeitsgrad von Aufgaben ist oft auch ein wenig Glückssache.

2.1 'Kreativität' oder 'divergentes Denken'?

Wir sprechen von 'Kreativität'. In anderen Abhandlungen zu unserem Thema wird für Kreativität gleichbedeutend der Begriff 'divergentes Denken' verwendet. Vielleicht wäre es bei der besonderen Auswahl unserer Aufgaben und Beispiele sogar besser, wenn auch wir 'divergentes Denken' als Schlüsselbegriff gewählt hätten. Aber wir wollen es so halten: immer wenn dieses besondere, ausschließlich im Menschen angelegte Phänomen behandelt wird, sprechen wir von 'Kreativität', und wenn es um die Umgangsformen, um den Ablauf des kreativen Vorgangs geht, reden wir vom 'divergenten Denken'. Das schafft uns auch den Vorteil, daß wir zwei weitere Formen der Kreativität ausdrücklich ausklammern müssen: die künstlerische und die berufsspezifische Kreativität; – denn dort sind Kreativität und divergentes Denken nicht bedeutungsgleich!

divergentes Denken

Kreativität

künstlerische/berufsspezifische Kreativität

Wenn Sie allerdings hoffen sollten, daß dieser Zweiteilung unseres Arbeitsbegriffes wegen mehr Klarheit für den gesamten Begriffskomplex gewonnen sei, so ist das leider ein Irrtum!

2.2 Ein Kapitel Theorie – so knapp wie möglich

Wir haben uns ernsthaft vorgenommen, Sie mit so wenig Theorie wie möglich zu beschweren, mindestens aber die Theorie so eng an das praktische Tun in der kreativen Aufgabe zu binden, daß sie nicht trocken wird. Andererseits: Grundlagen-Beflissene wünschen sich natürlich ihr theoretisches Rüstzeug möglichst kurz und übersichtlich dargestellt. Es ist uns einen Versuch wert, beiden Ansprüchen gerecht zu werden. Sie finden also auf den nächsten Seiten eine ganz knapp gefaßte Theorie. Die wichtigen Stichworte dazu haben wir noch einmal am Rand notiert, damit Sie sie ganz leicht finden können. Anschließend beginnt der 'praktische' Teil, in dem Sie ständig zum Mittun aufgefordert werden und in dem wir theoretische Einzelheiten am Beispiel zu erläutern versuchen. Und wenn es nötig ist, Sie von dort aus auf die 'reine' Theorie zurückzuverweisen, dann werden wir das deutlich tun. Sie sollten sich überhaupt darauf einstellen, daß man in diesem Buch öfter einmal hin- und herblättern muß, wie das in Lehrbüchern eigentlich gang und gäbe ist.

Mithin:

Es gibt drei Möglichkeiten, etwas über Kreativität zu erfahren:

1. Sie studieren die kurzgefaßten theoretischen Bemerkungen auf den folgenden Seiten oder
2. Sie versuchen bei der Arbeit mit den Aufgaben in diesem Buch selbst hinter die Geheimnisse der Kreativität zu kommen oder
3. Sie tun sowohl das eine als auch das andere.

Vom dritten Weg dürfen Sie sich die besten Ergebnisse erwarten, weil der kreative Prozeß nicht vollständig und ebenso nicht allgemein-verständlich beschrieben werden kann, also handelnd erfahren und dann reflektiert werden muß. Deshalb versuchen Sie bitte das, was Ihnen nun als mehr oder weniger theoretisch-knapp formulierte Darstellung der Kreativität oder ihrer einzelnen Erscheinungsformen angeboten wird, bei der Lösung der praktischen Aufgaben, bei der Analyse der Lösungswege und in der Beobachtung Ihres eigenen Lösungsverhaltens wieder zu entdecken.

= Kreativität

2.2.1 Dann erkennen Sie den schöpferischen Denkprozeß, der unkonventionelle, originelle Leistungen hervorbringt. 'Originell', also 'ursprünglich', 'in ihrer Art neu' brauchen die

Selbstbezug der kreativen Leistung

Leistungen nur für den Denkenden selbst zu sein. Wenn sie noch nie vorher gedacht, also grundständig neu sind, ist das um so bewundernswerter, für Kreativität aber keine Voraussetzung.

divergentes/ laterales Denken

Der Begriff des divergenten (= suchenden), auch lateralen (= in die Breite laufenden) Denkens sagt schon etwas über den V e r l a u f eines kreativen Denkprozesses aus. Zugleich klammert er bestimmte Formen der Kreativität – künstlerische und berufsspezifische – aus

(Wortbedeutung)

unserer Betrachtung aus. 'Kreativität' leitet sich her vom (lat.) creare = erschaffen (gebären). Aber auch in der Schöpfungsgeschichte der Bibel wird der Mensch nicht aus Nichts geschaffen, sondern aus Ton*). Und so ist der Schaffensprozeß des Kreativen – wie in der Genesis – eher ein 'Um'-schaffensvorgang, in dem zwischen zunächst ganz unbezogenen Erfahrungen und Erkenntnissen (= einem unge-

*) Tatsächlich bedeutet das Wort im hebräischen Urtext des Alten Testaments, das M. LUTHER mit 'erschaffen' übersetzte, 'aus Ton herstellen/formen'.

formten Material) nun plötzlich Beziehungen entdeckt werden, die zu ganz neuartigen Erkenntnissen führen und neue Denkformen eröffnen.

Für uns sind allererst die V o r g ä n g e wichtig, die dabei erkennbar werden. Dazu K. POPPER (Das Ich und sein Gehirn; S. 144):"Sowohl vorwissenschaftliche Erkenntnis wie wissenschaftliches Erkennen beruhen weitgehend auf Handeln und Denken: auf Problemlösen. Beobachtungen spielen allerdings eine Rolle, doch diese Rolle besteht darin, uns Probleme zu stellen und uns zu helfen, unsere Annahmen auszuprobieren und auszumerzen."

(Problemlösen)

POPPER weist dem Erfahrenen, dem Erkannten den richtigen Stellenwert im kreativen Prozeß zu. Beachten Sie bitte auch die Reihenfolge 'Handeln' und —▷ 'Denken'. Sie ist wichtig! Ebenso wichtig ist der Hinweis auf das 'Ausprobieren', denn er setzt das kreative Vorgehen deutlich gegen konvergentes (auch vertikales/aufsteigendes) Denken ab, in dem Folgerichtigkeit verlangt wird. Der Kreative probiert selbst mit Widersprüchlichem und Unvereinbarem.

(konvergentes Denken)

Das ist riskant, risiko-reich. Risiko-Bereitschaft gehört zur Kreativität. Aber: Tollkühnheit ist im kreativen Prozeß selbstverständlich nicht gefragt! Angst darf der Kreative durchaus haben. Wenn er keine hätte, gäbe es für ihn ja auch kein Risiko. Er wird bald lernen, sein Risiko richtig einzuschätzen. BERGIUS spricht von einer mittleren Angstbereitschaft, die den Kreativen auszeichnet. Dabei ist wichtig: die Angst muß 'aus der Sache' kommen, also auf den Gegenstand der kreativen Bemühungen bezogen sein ("Finde ich einen Weg — oder finde ich keinen?"). Angst aus Zeit- oder Leistungsdruck, sachfremde Angst, ist für den kreativen Prozeß geradezu tödlich!

Risikobereitschaft

Angst-Bereitschaft

(sachfremde Angst)

2.2.2 Gibt es d e n kreativen Menschen?

Natürlich! Wir dürfen davon ausgehen, daß Kreativität als Anlage bei den Menschen genau so 'normal' verteilt ist wie andere Anlagen *kreatives Potential*

auch. LANDAU schreibt in seiner "Psychologie der Kreativität" (1969): "... kreatives Potential ist jedem Kind gegeben und kann in jeder Lebenssituation angewandt werden" und "... man kann deshalb von fast allen Menschen kreative Akte, wie schwach oder wie selten auch immer, erwarten." Die Einschränkungen, die LANDAU macht, sind die gleichen, die z.B. auch für Intelligenz bzw. Nicht-Intelligenz bzw. intelligentes Handeln gelten. Aber – wichtiger – : LANDAU spricht von 'kreativem Potential', und 'Potential' ist 'angelegtes, noch nicht aufgerufenes Leistungsvermögen'. Hier liegen die Chancen und Aufgaben für eine 'Schule der Kreativität'!

Wir fragten nach dem kreativen Menschen. Besondere Kreativität entwickelt sich aus einer besonderen kognitiven Struktur des Menschen:

besondere kognitive Struktur

Der Kreative verfügt über mehr und offenbar besonders 'sensible' Wahrnehmungsmöglichkeiten und über die Fähigkeit, seine Wahrnehmungen in ganz eigener Art und Weise zu kategorisieren, zu Informations-Einheiten zu organisieren. Dazu wiederum braucht er besonders viele begriffliche und/oder kombinatorische Regeln.

Hier können wir wieder einhaken: zweifellos gibt es Menschen, die einen besonderen Sinn, ein ausgeprägtes Gefühl (heute sagt man "feeling") für den Erwerb von und den Umgang mit Regeln – begrifflichen und kombinatorischen – haben, aber lernen kann man dazu auch eine ganze Menge.

2.2.3 Wie zeigt sich die Kreativität eines Menschen?

Sensibilität...

- In seiner Sensibilität für Ungelöstes (→ Probleme) bzw. für nicht optimal Gelöstes und

Fähigkeit...

- in seiner Fähigkeit, dies zunächst nur 'Gespürte' als Aufgabe zu definieren, ggf. umzudefinieren. Aber bitte: dieses (Neu-)Definieren einer Aufgabe, eines Problems gilt zunächst nur für den Kreativen selbst! Er muß seinen Eindruck, seine Auffassung keineswegs auch allgemein-verständlich mitteilen können!

- Flexibilität ist für kreatives Handeln unumgänglich nötig, vor allem in einem Bereich, in dem wir nur höchst ungerne etwas wechseln bzw. auswechseln: bei Ordnungen. (Zumeist sind wir ja froh, wenn wir überhaupt eine Ordnung entdeckt bzw. entwickelt haben!) Aber hier ist noch etwas anderes zu beachten: Flexibilität bedeutet nicht, daß man einen Gedankengang verläßt und —▷ vergißt, sondern eher, daß man mehrere Gedankengänge simultan, also nebeneinander verfolgen und von einem zum anderen wechseln kann. Von dieser Flexibilität ist die

Flexibilität

- Originalität, die Neuartigkeit der Gedankenführung in j e d e r Phase des kreativen Prozesses abhängig, — also nicht nur im Lösungsverlauf. Das führt bis zum Denken des Undenkbaren, dem Weiterdenken dort, wo andere längst mit dem Denken aufhören. Und daß das geht, — dafür muß man ein besonderes Gespür haben.

Originalität

  Schließlich ist noch die Geläufigkeit, die Flüssigkeit der Gedanken beim Kreativen auffällig. Das Verknüpfen von ganzen Gedankenketten ist wichtig, denn dieses Fließen entwickelt eine ganz eigene Dynamik. Das geht so weit, daß der wirklich Kreative eigentlich immer kreativ ist, — wie ein perpetuum mobile.

Geläufigkeit/ Gedanken-Flüssigkeit

- Und wer ein Risiko eingehen mag (s.o.), der muß auch kritikfähig sein, — und kritisierbar. Kritikfähig, auch seiner eigenen Gedankenführung gegenüber; und kritisierbar, denn — bei aller Selbstkritik — : Kreativität verbürgt keine allgültige Richtigkeit!

kritikfähig/ kritisierbar

  Kreative unter sich: Sie werden am ehesten den Wert neuer, origineller Ideen einzuschätzen wissen!

Wann kann man denn mit einem kreativen Einfall rechnen? Oder anders: gibt es methodische Tricks, der Kreativität weiterzuhelfen? Zum Beispiel, wenn der hilfreiche Einfall zu einer ganz unpassenden Zeit kommt? Wir können uns nicht allzu sehr auf unser Gedächtnis verlassen. Es bewahrt Einfälle, die nicht 'bestätigt'

(methodische Maßnahmen)

und (daher) nicht verfestigt sind, meist nicht lange.

Einfälle aufzeichnen

Also: Einfälle so aufzeichnen, daß man später daran weiterarbeiten kann. – Jeden Einfall? Vorsichtshalber: ja! Eine schnelle Entscheidung darüber, ob er etwas taugt oder nicht, ist viel zu oft eine vorschnelle Entscheidung.

Informationen sammeln

Ebenso wichtig ist es, Informationen sorgfältig zu sammeln. Auch dabei ist nur selten schon auf den ersten Blick festzustellen, ob eine Information wichtig ist. Deshalb müssen Informationen nicht sofort eingeordnet und klassifiziert werden.

Ideen fliegen uns gelegentlich zu. Informationen werden uns zugetragen. Da ist oft viel Zufall mit im Spiel. Systematischer, abgestimmter muß unser eigener Zugriff auf einen Gegenstand dann sein, wenn wir eine kreative Strategie entwickeln wollen.

kreative Strategie (s.a. bei 2.2.5/2.2.6)

ungewohnter Blickwinkel

- Kennen Sie die Eigenschaften eines Gegenstands, – auch die, die sich uns nur aus einem ungewohnten Blickwinkel entdecken? Können Sie sie beschreiben?

morphologische Synthese

- Die sorgfältige Gestalt- und Funktionsanalyse eines Gegenstands erlaubt uns eine morphologische Synthese in bestimmten Variationen, etwa nach folgender Liste:

  füge etwas hinzu - ziehe etwas ab
  verändere etwas (- die Farbe, - das Material, - die Form, - die Größe; Funktion(en), Stil . . .)

'assoziieren'

- Kann man den Gegenstand selbst oder wichtige seiner Eigenschaften anderswo 'festmachen', z.B. an bezeichnenden Sprachformen? (Gegenbeispiel: Der Schraubenzieher zieht keine Schrauben. Wenn man sie also trotzdem herausdrehen kann, muß das an etwas anderem liegen (– woran, bitte?). Das Werkzeug aber, mit dem wir an ihnen drehen, sollten wir hinfort besser Schraubendreher nennen!)

2.2.4 Wasser in den Wein?

D. AUSUBEL (Psychologie des Unterrichts; 1974; S. 523) sagt:

"Problemlösen kann genau so tödlich, formalistisch, mechanisch, passiv sein wie die schlechteste Form verbaler Exposition. Die Arten von Lernergebnissen, die entstehen, sind weitgehend eine Funktion der Struktur, der Organisation und des Inhalts der Problemlösungs-Erfahrungen, die man ermöglicht." *Problemlösen*

Aber ist das eigentlich so wenig, wenn man in einem Arbeits-(= Lösungs-)Prozeß (nur!) etwas über Struktur-, Organisations- und Inhaltsf u n k t i o n e n erfährt? Im übrigen: wenn echte Probleme und echte Aufgaben zur Kreativitäts-Erziehung ebenso leicht zu formulieren wären, wie Dreisatz-Aufgaben oder Übungsaufgaben zur Zeichensetzung, hätten auch wir Sorge vor überwucherndem, mechanistischem Formalismus, der den Lösenden in die Passivität treibt, wie AUSUBEL fürchtet. Vermutlich gäbe es dann aber auch viele dicke Bücher mit lauter Problemaufgaben!

Wir sind beim Problemlösen angelangt, bei der – denkpsychologisch – höchsten Stufe kreativen Tuns (– der Begriff kam bereits weiter oben mit dem Zitat K. POPPERs ins Gespräch). Alles, was über das kreative Tun gesagt werden konnte, gilt gleichermaßen für das Problemlösen:
die Auflösung rigider, reglementierender Arbeitsabläufe im frustrierend-gleichförmigen Lernalltag, daraus die Motivation zu eigenem, sich selbst vorantreibendem Tun, das wiederum zur Selbstbestätigung des Lernenden führt. Er erfährt seine Fähigkeiten, sich in ungewohnten Situationen zurechtzufinden, unbekannte Kräfte zu mobilisieren und unkonventionelle Arbeitsformen zu versuchen. *(Motivation) Selbstbestätigung*

Von F. SÜLLWOLD stammt eine 'klassische' Problem-Definition:

"Ein Problem sei dann gegeben, wenn ein Individuum ein bestimmtes Ziel erreichen will, jedoch nicht weiß, wie es zu diesem Ziel gelangen kann, also nicht auf wohlbekannte, spezifi- *'Problem'*

sche Verfahren, spezifische Techniken und Operationen zurückzugreifen vermag."

SÜLLWOLD hat das 1959 in seinen "Bedingungen und Gesetzmäßigkeiten des Problemlösungsverhaltens" geschrieben. Achten Sie bitte darauf: 'bestimmtes Ziel' bedeutet bei SÜLLWOLD, daß das Ziel genau bestimmt (= definiert) ist. – Wer es bestimmt hat? – ggf. muß es der Problemlöser sogar selbst bestimmen!

Noch einmal eine Problem-Definition, sehr viel einfacher als die von SÜLLWOLD:

> *Das Problem/die Problemaufgabe sagt dem Lernenden, was er tun soll. Wie er es tun kann, muß er selbst herausfinden.*

(Und bitte beachten Sie weiter: nur die so beschriebenen echten ('heuristischen') Probleme sind gemeint, wenn in diesem Buche von Problemen bzw. Problemlösungen gesprochen wird!)

(Problemlösungsprozeß) heuristische Grundverhaltensweisen

Weil es – natürlich – sichere und außerordentlich unsichere Wege zu einer Problemlösung gibt, weil auch hierbei der Zufall (= das, was einem zu-fällt) nicht immer eine glückliche Rolle spielt, schließen wir dieses theoretische Kapitel mit einer Übersicht, in der vier wichtige Schritte im Problemlösungs-Prozeß in der richtigen Reihenfolge und, ergänzend, die vier wichtigsten heuristischen Grundverhaltensweisen zusammengestellt sind.

Wer die Übersicht zu lesen weiß, erkennt eine Art Kreisfunktion. Formulieren wir also – mit aller gebotenen Zurückhaltung, mit gewichtigen Vorbehalten:

(Algorithmus)

> Nach diesem oder einem vergleichbaren Schema könnten sich Wirkungs-Zusammenhänge, -folgen, -ketten ... -kreise bilden, die schließlich den 'kreativen' Zufall immer häufiger durch den steuerbaren Algorithmus (→ 2.5) ablösen, in dem die kreative Einzelheit noch eine entscheidende Rolle spielen darf, allerdings nicht mehr die allein-entscheidende.

Praktisch wäre das schon!

2.2.5

Vier Lösungsschritte	Das heuristische Instrumentarium	Heuristische Fertigkeiten
1 Prüfen des Problems	Sammeln aller zugänglichen Informationen über die problematische Situation	
2 Klärungsphase	a) Konfliktanalyse → Feststellen a l l e r Schwierigkeiten	beobachten
	b) 'Materialanalyse' → Anordnung des Materials / Klärung der Sachstruktur → Feststellen der Veränderbarkeit	vergleichen messen
↓ 'Elaboration'		reihen / ordnen / zuordnen unter- bzw. überordnen
3 Lösungsphase	a) Zielanalyse dazu: Ausschließen von Nebenlösungen → was wird n i c h t gefordert? ggf.: Bestimmen von Zwischenlösungen	ausschließen aussondern probieren experimentieren
	b) Synthese der Lösungsunterlagen → Organisieren von Ideen ggf. → umorganisieren	
4 Prüfungsphase	a) Wiederaufrufen des Lösungs-Grundbildes → Re-Definition ggf. Re-Organisation	prüfen testen
	b) u.U. Verwerfen der Lösung	
	Lösungs-N e u ansatz (→ zurück zu 1, 2, 3)	

2.2.6 Wir haben oben (bei 1.1) über äußere Bedingungen gesprochen, die für den kreativen Prozeß wichtig sein können. Sie lassen sich häufig mit ein paar Handgriffen richten.
Wesentlich schwieriger ist der Umgang mit Einflüssen, die unser Verhalten bewegen und deren Besonderheiten und Wirkungen wir uns z.T. erst bewußt machen müssen.

Die Übersicht:

Bedingungen und Einflüsse,
die den kreativen Prozeß behindern bzw. fördern können.

hindernd	fördernd
Denkgewohnheiten/Konventionen/Rollenfixierungen; 'Regeln' und die 'Regel-Verhaftung';	Unabhängigkeit des Denkens
(in der Arbeitshaltung/Arbeitseinstellung)	
Autoritätsfurcht; Konformitätsdruck (z.B. in der Gruppe); fehlerhafte (—▷ heraushebende) Bewertung der Leistung 'auf Zeit'; —▷ Leistungs-/Erfolgsdruck; fehlerhafte (—▷ heraushebende) Bewertung des Konventionellen; Betonung des Gegensatzes von 'Spiel' und 'Arbeit';	offen sein/sich öffnen können (und dann:) in sich hineinhorchen; spielen können; träumen können; 'schöpferische Passivität' – in der (begründeten) Hoffnung, das Wesentliche, das Originelle werde sich 'irgendwie' ereignen; freier Fluß der Assoziationen;
ungenaues Wahrnehmen; Unfähigkeit zu sorgfältiger (sprachlicher) Elaboration; hastige, unangemessene Reaktionen —▷ (auch) aus mangelnder Selbstkontrolle; Über-/Untermotivation; —▷ Konkurrenz mit anderen Antrieben/Interessen;	große Frustrationstoleranz; große Ambiguitätstoleranz;
(im Führungsstil)	
Informationssperren: Unüberschaubarkeit/übergroße Vernetztheit der Informationen;	Informationsfreiheit;

'Über'information (→ Aspektverschiebung);	
'Mitlaufen'; gedankenloses Kopieren;	Freiheit der Methodenwahl; → experimentieren dürfen, → Fehler machen dürfen → Fehler selbständig korrigieren; Kooperationsfreiheit (nur wenn erwünscht);
übergroße Datenbasis / Vielwissen	ausreichende Datenbasis

Unsere Zusammenstellung kann natürlich nicht alles erfassen, was hindernd oder förderlich auf den kreativen Prozeß einwirken könnte. Aber das Wichtigste haben wir sorgfältig zusammengetragen.

Ganz vorne stehen unter den Stichworten 'Arbeitshaltung/Arbeitseinstellung' entscheidende Anlagen und Verhaltensweisen der Lernenden und bestimmte Außeneinflüsse. Die meisten von ihnen können (vorsichtig!) geändert werden. Aber es gibt auch Bedingungen, bei denen wesentliche Änderungen aussichtslos erscheinen: sie müssen bei der Arbeit an der Kreativität in Kauf genommen werden.

Unter dem Stichwort 'Führungsstil' wird der Lehrende angesprochen. Dabei geht es natürlich nicht um organisatorische Maßnahmen, obwohl das bei den '-freiheiten' so aussehen könnte.

Nichts von dem, was in dieser Gruppe genannt wird, ist als pädagogische Verhaltensweise oder Handlungsform 'neu', aber es gewinnt im sehr sensiblen kreativen Prozeß besondere Bedeutung.

Wir wollen darzustellen versuchen, wie man kreatives Verhalten fördern kann – aber zuerst reden wir immer davon, wie der kreative Prozeß behindert wird. Es ist nämlich allererst wichtig, daß möglichst viele hindernde Einflüsse beseitigt werden (– vor allem die 'institutionalisierten'), ehe Fördermaßnahmen gezielt eingesetzt werden können. Einiges wird dann noch immer in einer Art wechselwirkendem Vorgang im kreativen Prozeß selbst abgebaut. Je mehr die Lernenden ihrer eigenen Kreativität zutrauen dürfen, um so weniger werden sie sich im Umgang mit ihr behindern lassen.

Nun eine sehr wichtige Feststellung: viele der aufgezeigten Behinderungen greifen im Unterbewußtsein der Lernenden an. Sie sind vielfach 'institutionalisiert' und sogar 'systemimmanent', also in unserem Bildungssystem (anscheinend) unvermeidlich.

Denn in der 'Leistungsgesellschaft' einer größeren Lernenden-Gruppe etwa entsteht – notwendig? – großer Konformitätsdruck. Wer dort nicht mitzieht, wird ausgeschieden – ohne (böse) Absicht. Konformitätsdruck aber paßt gar nicht zur Kreativität!

Über- oder Untermotivation brauchen keineswegs auf ein besonders gutes oder schlechtes Verhältnis zu kreativem Tun zurückzugehen. Alles, was an Bedenklichem für extrinsische, also 'von außen an den Lernenden herangetragene' Motivation ganz allgemein gilt, macht sich in unserem Falle leider ganz besonders unangenehm bemerkbar.

Einige der auffälligsten hindernden Einflüsse sind uns einen eigenen Exkurs wert.

Maßnahmen, mit denen die fördernden Einflüsse verstärkt werden, können zunächst nur von Fall zu Fall weiterhelfen. Ob und wann sie eine Langzeitwirkung entwickeln, läßt sich nicht sofort feststellen, nicht einmal kurzfristig.

Und noch einmal: Fördermaßnahmen sind nur dann spürbar erfolgreich und wirken nachhaltig, wenn sie nicht ständig gegen deutliche Behinderungen stehen.

Unser letzter Hinweis ist sicher der wichtigste:

> *Erfolge im Kampf gegen Kreativitätshemmer und bei der Verstärkung förderlicher Einflüsse sind viel weniger die Ergebnisse 'intellektueller' Bemühungen, als vielmehr eines guten, unbefangenen Vorbilds!*

2.3 'Ein Kreativer'

Kreative gelten nicht überall als angenehme Zeitgenossen. Als 'wenige' unter vielen in der Schulklasse oder einer anderen Arbeitsgruppe nennt man sie oft 'schwierig', hält sie für Außenseiter und für unangepaßt, weil sie unkonventionell denken und handeln. Das dürfte nur solange gelten, wie die Kreativen wirklich wenige unter vielen Un-kreativen bleiben. Eben das wollen wir nicht hinnehmen. – Und vielleicht fallen eines Tages sogar die ganz und gar Angepaßten in einer Arbeitsgruppe (unangenehm) auf!

Die Holzschnitt-Zeichnung, die sich in diesen wenigen Sätzen abbildet, gibt natürlich kein richtiges Bild, – wie fast alle Zeichnungen, die nur grob schwarz und weiß zeichnen. Keineswegs muß sich unkonventionell-divergentes Denken immer auch im Gesamtverhalten des Menschen zeigen; etwa schon gar nicht in provozierenden Verhaltens-Gegensätzen. Noch viel weniger sind (allzu) deutlich vorgezeigte Verhaltens-Auffälligkeiten sichere Zeichen für Kreativität! Vielleicht ist es sogar umgekehrt: besondere Exzentrizität soll einen Mangel an echter Kreativität verdecken!

Aber natürlich hat der unkonventionell-divergent Denkende öfter einmal eine ganz aus dem Rahmen fallende Antwort bereit, eine Bemerkung auf der Zunge – ironisch-herausfordernd – die er dann jedenfalls loswerden will. Das kann die Arbeit in der Gruppe schon empfindlich stören. Und selbstverständlich gibt es auch auffällige Außenseiter unter den Kreativen, die in der Gruppe nicht gut gelitten sind; sehr oft einfach deswegen, weil man gar kein Verständnis für sie aufbringen kann. Aber: mit der eigenen Kreativität wächst auch der Sinn für das kreative Verhalten anderer!

Also: wenn Ihnen als Lehrer z.B. ein Schüler/ein Lernender besonders auffällt, weil er von seinen Mitschülern deutlich geschnitten wird, dann beobachten Sie ihn doch (auch) einmal auf Anzeichen kreativen Verhaltens hin. Oft genügen schon geringfügige non-konforme, also nicht-angepaßte Reaktionen, um ihn aus seiner Gruppe herausfallen zu lassen. (Auch 'Streber' sind nicht immer außerordentlich fleißige Schüler! Sie werden lediglich dafür gehalten!)

2.4 Kreativitäts-Unterschiede?

Bisher ist in diesem Buch noch kein Wort darüber gefallen, ob Jungen etwa kreativer sind als Mädchen, oder ob es genau umgekehrt ist, oder ob es keinerlei Unterschiede zwischen den Geschlechtern gibt? (... in Bezug auf die Kreativität natürlich!)

2.4

Ein heißes Eisen? – Aber keineswegs deswegen, weil man mit einer Frage nach geschlechtsspezifischer Kreativität ins Getümmel um die Frauen-Emanzipation oder in ähnlich modische Streitereien geraten kann, sondern weil es wohl bis heute noch nicht möglich ist, Kreativität sicher (!) geschlechtsneutral zu testen.

Nach den Ergebnissen einiger älterer Tests scheinen die Jungen in der Kreativität die Nasen vorn zu haben. Das war z.B. 1965 noch so (vgl. CROPLEY; 1982). Aber in zwanzig Jahren kann sich viel ändern! Sehr lange war ja zweifellos der Freiraum zur Entwicklung, den die Erziehung den Jungen bot, weitaus größer als der, den man den Mädchen ließ. – Wir kennen die Wirkungen von Konformitätsdruck, Gruppenzwängen usw.... Heute genießen Mädchen nahezu die gleichen Freiheiten wie die Jungen. Ob sich damit ihre kreativen Leistungen, mindestens aber ihre kreative Leistungsfähigkeit verbessert haben?

Dieses Buch ist geschrieben worden, weil wir meinen, daß sich Kreativität in gewissem Umfang lernen, zumindest aber fördern läßt. Dann wäre kreatives Verhalten auch davon abhängig, daß man sich rechtzeitig und immer wieder mit kreativitätsfördernden Aufgaben auseinandersetzen muß. Haben wir für Jungen und Mädchen bisher immer wieder gleiche bzw. gleichanspruchsvolle (Lern-)Aufgaben gefunden?

Diese Fragen können hier nur gestellt, keineswegs jedoch schlüssig beantwortet werden. Wenn wir annehmen, daß ein möglichst großer Freiraum und daß ein möglichst früh einsetzender und förderlicher Umgang mit divergentem Denken die Kreativität entscheidend verbessern kann, dann sollten wir Jungen und Mädchen gegenüber keinen Unterschied bei der Aufgabenstellung und bei den Lösungs-Erwartungen machen. Also keine Vorbehalte, bitte! Etwa: die technischen und die naturwissenschaftlichen Aufgaben vor allem für die Jungen (die 'Techniker'), und für die Mädchen bleiben dann die sprachlichen und die freien Problemlösungen. – Dann könnten auch weiterhin die kreativen Leistungen der beiden Geschlechter nicht miteinander verglichen werden.

Sie werden oft genug erleben, daß die Mädchen ihren Leistungsbereich spontan selbst einzugrenzen versuchen: "'Technisches' kann ich nicht!", so, als wären ganz speziell für sie technische Zusammenhänge eo ipso völlig un-denkbar. In solchen Äußerungen sind noch immer erziehungsbedingte Vorbehalte bestimmten Bildungsbereichen gegenüber zu spüren. Diese müssen abgebaut werden. Wir haben deshalb für dieses Buch eine bunte Mischung von Aufgaben zusammengestellt, von denen wir glauben, daß sie Kreativität auf möglichst vielen Wegen fördern können. Aber bitte: alle Aufgaben gelten für alle – selbstverständlich im Schwierigkeitsgrad dem jeweiligen Lebensalter angemessen. Geschlechterspezifische Unterschiede darf es (– beim Einsatz der Aufgaben) nicht geben. Vorübergehend können sie freilich noch auftreten, wenn man besondere Leistungen vergleichen will, – aber das müssen keine kreativitätsbedingten Unterschiede sein!

Einige Kreativitätsforscher wollen einen Leistungsabfall, ein Zurückgehen des kreativen Allgemeinverhaltens bei Schülern zwischen dem 4. und dem 7. Schuljahr (10-15-Jährige) beobachtet haben. Natürlich fällt auf, daß es sich bei diesen Jahrgängen um die 'Reifejahre' (Vorpubertät und Pubertät) handelt. Aber kann das viel erklären? Mancher hat in eben dieser Zeit zum ersten (– und zum einzigen) Male in seinem Leben 'gedichtet', Theater gespielt...

Andererseits: Nur in ganz wenigen Zeitabschnitten unserer Entwicklung ist der (soziale) Konformitätsdruck so groß!

Hier sollte ein Zitat über das Denken stehen. Aber es gibt dazu so viele völlig wider-sprüchliche Bemerkungen, daß wir Ihnen vorschlagen: Denken Sie sich selber etwas!

2.5 Vom Denken: konvergentes und divergentes

Lehrende/'Lehrer' sind Berufs-Optimisten, denn sie bilden sich ein, ihr Wirken könnte andere Menschen 'zu Besserem' bewegen; zu 'Besserem', natürlich nach der Meinung der Lehrenden –, was immer es sein mag.

Ein ganz einfaches Beispiel kann das erläutern: Offenbar müssen die Kopfrechen-Fertigkeiten Heranwachsender ständig ver-'bessert' werden. Dazu ist es u.a. nötig, die Ein-mal-Eins-Reihen (– und das ist ein so furchtbar falscher Begriff, daß er eigentlich in diesem Buch nicht verwendet werden sollte; aber es gibt wohl noch keinen besseren ... Finden Sie vielleicht einen?) – – also: die Ein-mal-Eins-Reihen zu trainieren, – andauernd!

Schließlich braucht man auch noch eine 'Regel', – als Rechenhilfe, besonders, wenn es sich um größere Zahlen in komplizierten Ein-mal-Eins-Reihen handelt; also um die Reihe mit der 17 z.B. oder die mit der 24. Die Regel lautet: "Wenn eine Zahl mit 10 malgenommen werden soll, braucht man nur eine 0 anzuhängen." 10 mal 17 ist also 170. So läßt sich das ziemlich schwierige Malnehmen mit den letzten Zahlen des Ein-mal-Eins – 9 mal 17 z.B. – dann durch das wesentlich leichtere Abziehen ersetzen:

$10 \cdot 17 = 170 \ldots$
$170 - (1 \cdot 17) = 153$
also: $9 \cdot 17 = 153$

Hier entwickelt sich konvergentes Denken.
Dabei braucht man für keinen Augenblick den sicheren Boden des Gewußten und des Nachprüfbaren zu verlassen. Der Lernende hat außerdem etwas ungemein Nützliches und Praktisches erfahren (– darf sich der Lehrer einbilden!).

Leider lassen sich solche mathematischen Beispiele nicht ins Absurde wenden. Das versuchen wir mit einem Beispiel aus der Geographie.
Bäche, Flüsse, Ströme fließen immer bergab. Das kann man beobachten, im Experiment zeigen und auch aus einer Reihe naturwissenschaftlicher Gesetze ableiten. (—▷konvergentes Denken). Aber man kann auch – ganz absurd – annehmen, sie flössen für eine Weile einmal von unten nach oben, bergauf.
Wenn Sie jetzt eben gedacht haben: "So ein Un-Sinn!", dann müssen Sie auf dem Wege zu divergent-kreativem Denken noch viel lernen. Wenn Ihnen aber sofort Bilder zugefallen sind
- von Flüssen und Bächen, die in ihren Quellen verschwinden und in den Bergen Salz ablagern, das sie vom Meer heraufgebracht haben, die die Berge wieder wachsen lassen,
- Bilder von Lachsen, die große Mühe haben, zum Laichen ins Meer hinunter zu wandern,
- Bilder von einem Wasserkreislauf, der sich völlig umkehren müßte,
wenn Ihnen solche Bilder einfallen, dann geht nicht etwa Ihre Phantasie 'mit Ihnen durch', sondern dann beginnen Sie, Zusammenhänge 'von der Rückseite her' zu sehen.

Der Unterschied ist deutlich: Der divergent Denkende denkt nicht regel-los, zügel-los (– wenn 'die Phantasie mit ihm durchgeht'), sondern er 'hinterfragt' Regeln, die in unserem Alltags(-Regel-)verständnis immer nur wie Einbahnstraßen vorkommen. ('Hinterfragen' ist ein schauderhaftes Wort, abgenutzt und vielfach falsch verwendet, aber in unser Bild von der 'Rückseite der Zusammenhänge' paßt es!)

In den Einbahnstraßen der Regeln kann sich Kreativität des Denkens nicht entfalten. Es wird immer wieder in eine, in eine ganz bestimmte –, in eine nicht mehr hauptsächlich von uns selbst gewählte Richtung geführt. Es ist die Richtung auf die (vor-)bestimmte Lösung, eine Lösung, die 'stimmt'. –

Sie werfen jetzt ein, daß Überlegungen zu bergauf fließendem Wasser keinerlei 'logischen' Hintergrund haben können; – selbst wenn die Phantasie nicht zügellos daherstürmen darf.

Als EINSTEIN 'theoretisch' behauptete, auch Lichtstrahlen könnten gekrümmt werden (z.B. durch die ungeheuren Massen-Anziehungskräfte von Riesensternen mindestens der Größe unserer Sonne), drohte er ein Weltbild einzureißen. Eigentlich hat ihn nur die Tatsache vor dem Absturz in die wissenschaftliche Lächerlichkeit bewahrt, daß sich die Verteidiger aller längst bekannten Licht-Theorien auch nicht ganz genau über die Natur des Lichts klar waren. Außerdem vielleicht noch, daß die Empirie mit der Forderung, alles und jedes 'augen'scheinlich zu beweisen, seinerzeit noch nicht den Stellenwert hatte, der ihr wenig später zugemessen wurde.
EINSTEIN hat U n d e n k b a r e s gedacht. Aber Undenkbares ist nur so lange undenkbar, bis es jemand denkt! Selbst die waghalsigsten 'Theorien' kann man unter zwei ganz unterschiedlichen Gesichtspunkten sehen:

- *man kann ihren Wert anzweifeln, so lange ihre Richtigkeit nicht vollgültig bewiesen ist;* aber
- *man kann sie auch gelten lassen — mindestens als 'Denkversuch' —, so lange nicht bewiesen ist, daß sie falsch sind.*

EINSTEIN war zweifellos ein genialer Denker. Geniale Denker müssen kreativ sein. Aber nicht alle, ach was: nur die wenigsten kreativen Denker sind (irgendwie) genial.

Wir haben diesen Abschnitt mit einem Beispiel für konvergentes Denken begonnen; Beispiele für divergentes Denken können wir uns sparen. Es ist viel besser, divergentes Denken zu erleben. Die meisten unserer Aufgaben sind ohne dieses schweifende, probierende, Hypothesen-bildende und -verwerfende, sehr freie Denken gar nicht zu lösen.
Wenn wir Sie dazu auffordern, I h r divergentes Denken in zahlreichen Problemlösungen selbst zu entdecken, entheben wir uns einer kaum lösbaren Aufgabe: Es ist nahezu unmöglich, divergentes Denken genau und vollständig zu beschreiben.
Wichtig ist allerdings auch: Es wäre grundfalsch und höchst bedauerlich, wenn mit diesen Ausführungen der Eindruck entstanden sein sollte, divergentes Denken sei 'wertvoller', 'besser' als konvergentes Denken. Wir wollten keinen Qualitätsunterschied herausstellen!
Beide Formen des Denkens zeigen auffällige Struktur-Unterschiede. Und diese Struktur-Unterschiede beruhen zu einem sehr großen Teil auf Unterschieden in der *Persönlichkeitsstruktur* des Denkenden (— und Handelnden). Das aber bedeutet, daß man einen Menschen, der 'auf konvergentes Denken hin' angelegt ist, nicht zum divergenten Denker umerziehen kann. Wir sollten das nicht einmal versuchen! (Es ist jedoch nicht ausge-

schlossen, daß so ein konvergenter Denker gelegentlich ganz divergent denkt!)

Warum uns dieses Buch trotzdem nötig zu sein scheint, haben Sie schon bei 2.2.2 nachlesen können.

Und noch eines: Divergentes und konvergentes Denken sind als geistige Fähigkeiten nicht voneinander unabhängig. Gerade bei hochintelligenten Menschen (IQ > ~ 120) kann ihr Zusammenwirken in anspruchsvollen Denkvorgängen überzeugend nachgewiesen werden.

2.6 **Bewertung kreativer Leistungen (?)**

Gewandtheit
Wort-
Ausdrucks-
Assoziations-G.

Zu den 'typischen' Eigenschaften des kreativ denkenden und handelnden Menschen gehört seine Gewandtheit, die sich am einfachsten als Wort-, Ausdrucks- und Assoziationsgewandtheit beobachten läßt. – Wirklich? Es ist leicht nachzuweisen, daß etwa zehnjährige Mädchen sehr viel 'wortmächtiger' sind als gleichaltrige Jungen. Sind sie also kreativer? – Ist jemand, der über ein umfangreiches

'Lexikon-wissen'

'Lexikon'wissen verfügt, der überaus belesen wirkt und deshalb in ganz normalen und sogar in ein wenig vom geraden Verlauf abweichenden Denkprozessen hervorragend 'assoziieren' kann, besonders kreativ?

Wort-Vielfalt

Natürlich ist Wortgewandtheit allererst davon abhängig, daß man viele Wörter weiß, – aber nicht unbedingt viel *über* Wörter. Wer die Wortvielfalt schätzt, kann im Synonym-Wörterbuch nachschlagen; – aber wer das Wort hat, hat nicht notwendig auch den Begriff!

Wissens-bestand

In einem großen Wissensbestand findet man jedenfalls leicht Wissens-Einzelheiten, auf die hin man allerlei assoziieren kann. Und weil es sich hier sogar meist um Begriffliches handelt (und nicht nur um Worte), schätzen wir die Assoziations-Gewandtheit im Sinne von Kreativität höher ein als bloße Wortgewandtheit.

Wie steht es zuletzt mit der Ausdrucksgewandtheit? Wir sprechen davon, daß man um einen Ausdruck 'ringt', nämlich um den 'treffenden' Ausdruck. Damit deuten wir einen großen Abstand zur (Wort-)Gewandtheit an. Nicht nur deshalb, weil sprachliche Ausdrücke oft aus *mehreren* Wörtern bestehen.

In einer Fernsehwerbung versucht ein junger Mann die besondere Wirkung des bevorzugten Duftwassers an der Frau zu beschreiben, die er bevorzugt. Dabei druckst er herum und stammelt, nimmt für seine Beschreibung die Hände zu Hilfe, verzieht das Gesicht, rollt mit den Augen und gibt schließlich mit einem entschuldigenden Achselzucken auf. – Er führt offenbar kein Paradebeispiel für besondere Ausdrucksgewandtheit vor.
Oder vielleicht doch?

Manches kann man eben mit Worten nicht ausdrücken. Und es ist wahrscheinlich ein Zeichen ungewöhnlicher Ausdrucksgewandtheit, wenn jemand in solchen Fällen Gestik und Mimik gebraucht, sich mit Metaphern oder einer Zeichnung zu helfen versucht, eine Melodie pfeift oder auch nur mit der Zunge schnalzt.

Ausdruck: Gestik Mimik Zeichnung Melodie

Oder – noch besser – möglichst viele dieser verschiedenen Ausdrucksmöglichkeiten zugleich einsetzt.
Hier ist ein Fehlschluß möglich: wir könnten meinen, dem Manne fehlten Wörter (—▷ unzureichende Wortgewandtheit), – aber vielleicht fehlt ihm nur das passende, das an-gemessene Wort. Keines der Wörter, die er zur Verfügung hat – und scien es noch so viele! – scheint ihm stark genug für sein Empfinden. Aber er weiß sich zu helfen! – Und wir können zudem seine ungewöhnliche Ausdrucksgewandtheit gut beobachten! (Übrigens: 'drucksen' bedeutet ebensoviel wie 'drücken', das uns ja auch in Aus'druck' und in Nach'druck' begegnet. Ganz sicher ist von hier aus eine Gedankenverbindung zum 'Wenden' – in der Ge'wandt'heit – nicht mehr einfach herzustellen.)

Wir haben unsere Überlegungen zur Wort-, Ausdrucks- und Assoziationsgewandtheit mit der Vermutung begonnen, daß sie Eigenschaften kreativ Handelnder sein könnten, die sich verhältnismäßig leicht beobachten lassen. Beobachten wiederum wollten wir möglichst alle als 'kreativ' geltenden Prozesse bzw. deren Einzelheiten, weil wir sie bewerten möchten.

Zungenfertigkeit
Vielwisserei

Nun müssen wir wohl festhalten: leichter als andere Lern- und Denkvorgänge können kreative Prozesse aus diesen drei 'Gewandtheiten' auch nicht beobachtet und bewertet werden!
Die einfache Wortgewandtheit ist so 'einfach', daß sie leicht mit Zungenfertigkeit verwechselt werden kann; Assoziationsgewandtheit sieht der Vielwisserei oft täuschend ähnlich und die menschliche Ausdrucksfähigkeit ist oft unglaublich variantenreich – und damit so komplex, daß sich jeder 'schnelle' Zugriff verbietet.

3 Exkurse I

3.1 Über Neugier

Es gibt keine Geheimnisse,
es gibt nur Uneingeweihte aller Grade.
(Ch. MORGENSTERN)

"Sei nicht so neugierig!" ist eine der bedauerlichsten Zurückweisungen, die einem Lernenden widerfahren können.
Zurückweisung – oder Zurechtweisung?
Zurechtweisung bestimmt nicht. Denn dann wäre es richtig, nicht neugierig zu sein, – auf Neues gierig, – – mehr erfahren zu wollen.
Es klingt nicht gerade schmeichelhaft, wenn jemand 'gierig' genannt wird. Aber das Wort 'Gier'/(gierig) hat sich – wie viele andere Wörter auch – einen Bedeutungswandel gefallen lassen müssen: von 'Verlangen' über 'heftiges Verlangen' bis zum 'ungezügelten Verlangen'.
Verlangen nach Neuem kann man nicht zurecht-, man kann es nur zurückweisen. Aber wir sollten heilfroh sein, wenn heute überhaupt noch jemand neugierig ist. Wahrscheinlich ist es nicht Informationsmangel, sondern vielmehr Informationsfülle, beser: -überfülle, die heute das Verhältnis zwischen Lehrenden und Lernenden oftmals so angespannt erscheinen läßt. Dabei handelt es sich fast immer um 'Fach'informationen oder um 'aktuelle' Informationen, mit denen der Lernende seinem Lehrer sogar (zeitweilig) überlegen sein kann. Und natür-

lich kann man den Lehrer verstehen, der die störende Frage nach einer bedeutungslosen Tagesaktualität zurückweist oder sich auf eine Frage nach abseitigem Fachwissen zurückhaltend verhält.

Die Frage nach dem vielverfügbaren G r u n d w i s s e n hingegen sollte er mit allen Mitteln fördern.

'Wissen' ist ins Spiel gekommen. Aus Informationen kann Wissen entstehen. Grundwissen ('Basiswissen'; s.a. 'epistemische Basis' bei 4.1.1) entwickelt sich weit besser aus der tätigen Auseinandersetzung mit der, mit einer Sache. Gelobt sei also vor allem die Neugier, die sich ihren Weg über das Probieren und Experimentieren sucht.

Deshalb noch einmal: Wir sollten froh sein, wenn heute ein Lernender ein echtes Informations-Bedürfnis hat, wenn er neugierig ist – und es zeigt, indem er fragt! Dann ist er jedenfalls nicht mit allerlei Zufallswissen so vollgestopft, daß er gar nichts mehr wissen will. Neugierig zu sein (und sein zu dürfen) ist eine wichtige Voraussetzung für kreatives Verhalten.

3.2 **Autorität – vom Lehrer und vom Lehren**

Die Autorität des Lehrers schadet oft denen, die lernen wollen.

(CICERO)

H. SPOERL beschreibt in seiner weltberühmten 'Feuerzangenbowle' einen gar nicht einmaligen Lehrvorgang. Studienrat Bömmel fragt im Unterricht über 'die Dampfmaschine' u.a.: "Wat is e Ventil?" (Das könnte, ein bißchen umformuliert, eine Problemfrage sein!) Aber Bömmel fährt fort: "Da stelle mer uns wieder janz dumm." Aha...!? – Nein, leider nicht! Denn er gibt sich selbst die Antwort: "E Ventil is, wo wat erein jeht, aber sein Lebjottstag nix erauskommt." – Danach bricht diese hochinteressante Erläuterung leider ab, – und übrig bleibt nun wirklich ein Problem: kann tatsächlich 'wat erein' gehen und 'nix erauskommen'?

Nun – Herr Bömmel wußte über das kreative Denken und das Problemlösen bei weitem nicht so gut Bescheid wie Sie. Aber, stellt sich der Lehrer/der Lehrende mit einer Problemaufgabe nicht auch '... zunächst emal janz dumm', also mindestens auf den Kenntnisstand der Lernenden, von denen er annimmt, daß sie (auch!) nichts wissen?

Es geht um die Autorität des Lehrenden, möglicherweise auch um die Autorität des Lehrbuchs, wenn je eines versuchen sollte, vorwiegend mit Aufgaben zu arbeiten, die kreativ gelöst werden müssen.

Wie weit hängt die Autorität des Lehrenden davon ab, daß er Aussagen/Antworten, Regeln, Formeln usw. jederzeit parat hat? Vergibt er sich etwas, wenn er öfter einmal wie ein Mitarbeiter der Lernenden handelt, bestenfalls wie ein Vorarbeiter und nicht wie das leuchtende Vorbild? Das ist sicher ein ganz eigenes 'Lehrer-Gefühl'. Aber es setzt bei den Lernenden einen neuen Weg frei, den Weg zur selbsterworbenen Einsicht, die man den Autoritäten des Regelwerks, der Lehrmeinung entgegensetzen, besser: zur Seite stellen kann. Es wird sicher ohne diese Autoritäten nicht gehen, aber mit den eigenen Einsichten zusammen geht vieles sehr viel besser.

Manchmal entsteht der Anschein, als könnte Kreativität 'eine Antwort infrage stellen'. In Wirklichkeit fragt sie nach der Antwort:

nach ihrer Richtigkeit,
nach ihrem Umfang, und im besten Falle danach,
wie sie zustande gekommen sein könnte; also nach der Denkstruktur als dem Baugesetz des Denkens, das ihr zugrunde liegt.

3.3 Die Pause

- nach einem vergeblichen Denk-Versuch?
- nach einer erfolgreichen Zwischenlösung?

Oder: 'darüber schlafen'?

Es gibt Modelle, die verkürzen, vereinfachen, verzeichnen einen Gegenstand bis nahe an die Grenze der (Wieder-)Erkennbarkeit. Zur Veranschaulichung dessen, was Kreativität ist, wären z.B. Arbeitsweise und Organisationsstruktur der Computer (unseres gegenwärtigen technologischen Niveaus) als Modelle unbrauchbar. Aber als Gegenmodelle hätten sie ihren Wert, weil ein wichtiger Sachverhalt durch einen Vergleich mit ihnen deutlicher wird.

Wir wissen, daß ein Computer arbeitet, ohne müde zu werden. Alles 'Organische' hingegen – unser Gehirn – braucht seine Ruhezeiten. Wenn ein Computer überfordert wird, schaltet er ab. Wie unser Denkapparat? –

Ist es nicht so: Manchmal will uns eine ganz bestimmte Einzelheit einfach nicht mehr einfallen, ein Begriff, ein Wortbild, ein

Name...? Und wenn wir glauben, ein 'Zipfelchen' des Gesuchten erwischt zu haben, den Anfangsbuchstaben etwa, die Vorsilbe, eine bestimmte Lautverbindung, so ist das oft besonders ärgerlich, denn dann kreisen unsere Gedanken ständig um diese vagen Einzelheiten wie um ein Funkfeuer – – selbst wenn es ganz falsche Orientierungsmarken sind. Dieses Suchen und Grübeln ist qualvoll. Dann hilft es uns schließlich, wenn wir nach einer Weile einfach abbrechen, ab'schalten'. Wir zwingen uns z.B. zu einer Tätigkeit, bei der wir unsere ganze Aufmerksamkeit völlig anders 'richten' müssen.

Nun geschieht (meistens) etwas Verblüffendes: plötzlich, nach Minuten oder auch erst nach Stunden und ohne daß ein äußerer Anlaß erkennbar wird, taucht der gesuchte Begriff auf, ist einfach da!

Ein Unterschied wird deutlich: Wenn man den Computer abschaltet, tut er gar nichts mehr. Im Gehirn hingegen scheint der Suchprozeß weiter zu gehen, ohne daß wir diesen Vorgang beeinflussen können, sogar obwohl wir die Arbeit unseres Denkapparats auf etwas ganz anderes gerichtet/konzentriert haben. Also ist das Gehirn gar nicht abgeschaltet, noch nicht einmal partiell. Und: es arbeitet 'mehrspurig'!

Damit ist eine Denkpause auch keine richtige Pause – vor allem die nicht, die wir nach einem vergeblichen Lösungsversuch machen möchten. Wir können gar nicht verhindern, daß mindestens Teile unseres Gedächtnisses der Aufgabe auf der Spur bleiben.

Es ist schwierig, von einer Fehlleistung loszukommen. Sie quält uns. Hilft hier möglicherweise 'darüber schlafen'? Vielleicht nicht eine ganze Nacht, aber ein Viertel- oder ein halbes Stündchen? – Auch in S c h l a f p a u s e n schaltet unser Gehirn nicht vollständig ab. Wir wissen das, denn Träumen (z.B.) ist Gehirnarbeit. Und tatsächlich sucht unser Denkapparat oft auch im Schlaf weiter nach einer (richtigen) Lösung. Manchmal ist sie beim Aufwachen 'fertig'. Oder sie fällt uns zu, nachdem wir uns nur kurz auf die liegengebliebene Aufgabe eingestellt haben. Dieser Suchvorgang fällt dem Gehirn wohl deswegen besonders leicht, weil es beim Schlafen kaum anderweitig belastet wird, weil große Teile ruhen und sich regenerieren können. Denn als Organ braucht es diese Ruhezeiten. (Hier ist ihm der Computer überlegen. Er funktioniert, solange ihm ausreichend Energie zugeführt und er nicht überlastet wird.)

Ein weiterer Vorteil des Computers: er arbeitet in bestimmten Lösungsvorgängen wesentlich schneller als unser Gehirn. Natürlich nur bei den Lösungen, auf die hin er 'programmiert' ist. Außerhalb dieser Programme leistet er nichts. Die besten

Computer haben die größte Lösungs-Bandbreite, aber 'universell' ist keiner. Und es ist viel leichter, unser Gehirn auf eine neue Aufgabe einzustellen, als einen Computer selbst innerhalb seines Leistungsbereichs umzuprogrammieren.

Stellen wir einmal zusammen/einander gegenüber:

der Computer	unser Gehirn	
'festverdrahtet' (= einspurig innerhalb einer bestimmten Bandbreite)	mehrspurig/ flexibel	in einer Selbstorganisation
⇕	⇕	
sehr schnell	'kreativ'	
⇕	⇓	
ermüdet nicht	muß sich neu formieren/regenerieren	

Die Frage, wie lange Sie angestrengt nachdenken können und wann Sie eine Pause einlegen sollen, müssen Sie sich selbst beantworten. Das ist individuell verschieden und außerdem von vielen äußeren Einflüssen abhängig. Lernenden sollte man spätestens nach 45 Minuten eine längere Pause 'verordnen' (– ja, das ist oftmals notwendig!) Die Pause *muß* eingehalten werden, obwohl – wir wissen das inzwischen – die internen Suchvorgänge vielfach ungehindert weiterlaufen. Weil das so sein kann, ist es auch ziemlich belanglos, ob dem Problemlöser die Pause nach einem vergeblichen oder nach einem erfolgreichen Lösungs(zwischen)schritt verordnet wird.

Pausen individuell einzulegen ist besonders bei der Arbeit mit größeren Gruppen schwierig. Die Gruppe muß lernen, *Pausengewohnheiten* ihrer einzelnen Mitglieder zu respektieren, ihnen auch dann 'Urlaub' von der gemeinsamen Arbeit zu geben, wenn es gerade 'spannend' wird. – Vielleicht kommen sie aus ihrer Pause ja mit *dem* kreativen Einfall zurück.

Ganz nebenbei haben wir mit diesen Bemerkungen vielleicht auch noch eine Frage beantworten können, die heute verhältnismäßig oft gestellt wird: "Warum überlassen wir das ganz anstrengende Denken nicht überhaupt den Computern? Aufgabenlösen, Problemlösen – wozu haben wir denn Computer?!"

Nun – flexibel und kreativ sind sie eben nicht!

3.4 'Bisoziation' oder schöpferischer Augenblick?

Anekdoten, sagt man, Märchen und Sagen enthielten immer ein Korn Wahrheit. ARCHIMEDES z.B. soll auf die Lösung eines besonders heiklen Problems, das ihn schon lange beschäftigte, in der Badewanne gekommen sein. Dort bemerkte er den Auftrieb, mit dem das Wasser seinen Körper trug – und offenbar auch alle anderen Körper trägt bzw. mit-trägt. Genau diese Erkenntnis half ihm bei seinem Problem weiter: Er konnte nun feststellen, ob eine neue Krone seines Königs Hieron aus reinem Gold oder nur aus einer Gold-Silber-Mischung gefertigt war. (Versuchen Sie den Gedankengang des ARCHIMEDES n a c h zuvollziehen. Das ist schwierig genug!)

ARCHIMEDES soll damals laut "heureka!" (= "Ich hab's gefunden!") gerufen haben und vom Badehaus nackt nach Hause gelaufen sein, um seinen Einfall so schnell wie möglich zu notieren. –

So weit eine Anekdote.

Wir suchen das 'Korn Wahrheit' mit der Frage: Wird hier der 'schöpferische/kreative Augenblick' dargestellt, der 'genialische Funke', der den ARCHIMEDES 'wie ein Blitz aus heiterem Himmel' getroffen hat? Oder war das Badewannen-Erlebnis nur der 'Schlußstein' zu einem Gedankengebäude, das sich in diesem großen Denker schon lange aufbaute, zumeist 'internal', also verinnerlicht, ohne von außen bzw. willentlich gesteuert zu werden? War es eine B i s o z i a t i o n, d.i. das Herstellen von Beziehungen zwischen zwei unterschiedlichen Bezugssystemen, – bei dem das zweite Bezugssystem deut-lich wurde, als ARCHIMEDES wahr-nahm, daß sein Körper im Wasser zu schwimmen begann? (Im ersten Bezugssystem ordnete sich alles zusammen, was er über Gold, Silber und das Herstellen von Legierungen wußte.)

Besonders reizvoll an dieser Anekdote ist, daß sie auf eine Situation anspielt, in der solche Bisoziationen, kreative Prozesse überhaupt, besonders gut gedeihen: auf die Gelöstheit, Entkrampftheit (in der Badewanne).

Es gibt Menschen, die haben immer einen Notizblock einstecken: morgens, beim Waldlauf im Trainingsanzug, (natürlich) in der Arbeitsjacke und auch im Gesellschaftsanzug, wenn sie abends ausgehen.

Zurück zu unserer Frage!

Sogenannte 'spontane', gänzlich unvorbereitete Problemlösungen sind äußerst selten. ARCHIMEDES schlug sich – so sagt es die Geschichte – schon lange mit seinem Problem herum. Also war sein Badewannen-Erlebnis sicher nur der Schlußstein in einem Bisoziations-Vorgang (– der auch als 'Mausefalle' beschrieben wird, die dann zuschnappt, wenn das in einem verinnerlichten Lösungsprozeß gesuchte Detail endlich auftaucht).

Übrigens: Was ist ein 'Schlußstein'? Zweimal ist dieser Begriff nun schon erwähnt worden. Das richtige Bild eines Schlußsteins

baut uns eine ideale Brücke zur Verknüpfung zweier voneinander 'entfernter' (Bezugs-)Systeme. (Keine "Eselsbrücke"! Das ist eine unnötige Brücke -- für einen Esel!)
"Unterschiedliche" oder "entfernte Systeme" – was ist wirklich gemeint? Betrachten Sie die folgende Abbildung (Abb. 3):

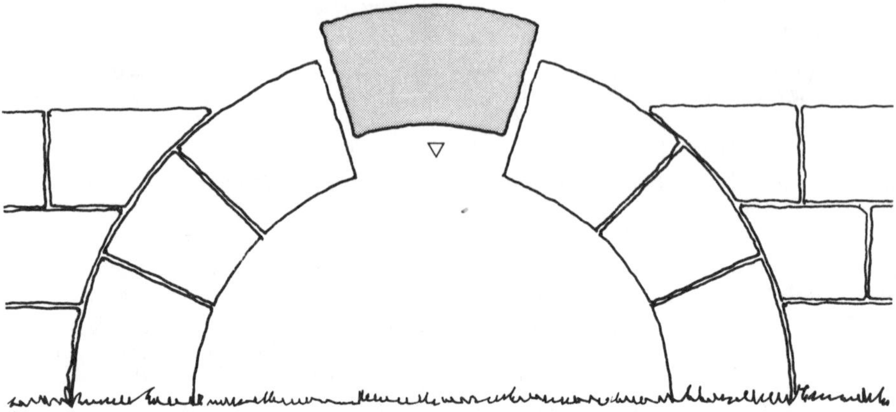

Abb. 3 Der Schlußstein wird in einen 'römischen' (Halb-) Rundbogen soeben von oben her eingesetzt. In der Zeichnung ist das Lehrgerüst weggelassen worden, das den Bogen stützen muß, bis der Schlußstein richtig sitzt. Dann hält so ein Bogen jahrhundertelang – sogar ohne Mörtel zwischen den Steinen.

Beim unvollendeten Rundbogen kann man im Abstand der beiden Teile voneinander lediglich eine 'Entfernung' sehen, aber ebenso in der Links- bzw. Rechtswendung der Bogenanfänge einen (System-)Unterschied. Im ersten Falle 'schließt' der Schlußstein den Zwischenraum zwischen den beiden Bogenteilen, im zweiten Falle paßt er die beiden Bauteile zueinander – in beiden Fällen aber entsteht ein überraschend neues System: der selbsttragende Bogen.

Haben Sie die Frage nach dem Goldgehalt in Hierons Krone lösen können?
Dazu zunächst das Gesetz, das ARCHIMEDES entdeckt hat: Ein im Wasser untersinkender Gegenstand wirkt um das Gewicht des verdrängten Wassers leichter als außerhalb des Wassers.
ARCHIMEDES wog nun einen Klumpen reinen Goldes, der (an der Luft) genau so viel wog wie die Krone, mit der Krone zusammen unter Wasser. Und weil jetzt die Krone leichter zu

sein schien als der Goldklumpen, mußte für sie auch leichteres Metall (—▷ Silber) mit-verarbeitet worden sein (Atomgewicht von Gold = 19,7; von Silber = 10,5).

3.5 'Kollektive' Kreativität

ist doch wohl ein hoffnungsloser Fall?

Wir wissen: (1) in jeder Gruppe/in jedem Kollektiv bilden sich (notwendig!) hierarchische Strukturen; (2) gewachsene Strukturen abzubauen scheint nahezu unmöglich; und (3) in Hierarchien mit ihren Autoritäten, Konventionen, Rollen usw. kann sich Kreativität nur schwer entfalten.

(Man kann das auch anders sehen: dort, wo Kreativität 'virulent' wird, sprengt sie Hierarchien!) – Aber es ist belanglos, wie herum man das Problem betrachtet: es scheint keinen Weg zwischen dem Kollektiv mit seinen hierarchischen Strukturen und der Kreativität zu geben!

Oder? – Wenn es gelänge, für einen kreativen Prozeß die Zwangsjacke der Hierarchie abzustreifen? Das ist ja – mindestens für kürzere Zeit – auch bei anderer Gelegenheit möglich: beim MENSCH ÄRGERE DICH NICHT gewinnt weder der Stärkste noch der Intelligenteste oder der Älteste, sondern der, dem der Zufall gewogen ist. Die Spielregel setzt alle Hierarchien außer Kraft.

Wenn man also Spielregeln entwickelt, die der Kreativität gegen alle hinderlichen Hierarchien den Weg frei halten, müßte sie auch kollektiv wirksam werden können.

Brainstorming

'Brainstorming' ist die wohl bekannteste Form kollektiver Kreativität. Und nach allen Vorbemerkungen wissen Sie inzwischen, daß es beim Brainstorming auf die Spielregeln ankommt. Nur wenn sie wirklich streng eingehalten werden, verspricht diese Form des schöpferischen Tuns in der Gemeinschaft Erfolg.

Also zunächst die Spielregeln (– wir zählen nur solche auf, die für Gruppen in nahezu jeder beliebigen Zusammensetzung gelten, lassen also z.B. die Forderung weg, daß die Gruppenmitglieder möglichst unterschiedliche Kenntnisse und Erfahrungen mitbringen sollen):

- (Gruppengröße) wenigstens fünf und keinesfalls mehr als zwölf Teilnehmer;
- (wichtigste Grundregel) während der Sammlungsphase dürfen weder eigene Gedanken noch die Einfälle anderer kommentiert oder kritisiert werden; jede Bemerkung, sogar jede Geste o.ä., die als Stellungnahme empfunden werden könnte, ist streng verpönt;

kein Kommentar/ keine Kritik

- es gibt kein 'Urheberrecht'; also Ideen anderer dürfen weiter'gesponnen', fortgeführt werden;

kein Urheberrecht

- Quantität geht (hier) tatsächlich vor Qualität; d.h. die Zahl der Ideen ist – mindestens zunächst – wichtiger als ihre erkennbare Stichhaltigkeit;

Quantität vor Qualität

- jeder Einfall wird festgehalten; Wandtafelfläche oder große Papierbögen und Schreibgeräte müssen bereitstehen. Wenn die Ideen zu sprudeln beginnen, muß oft an mehreren Stellen zugleich und flott notiert werden können. –
- Der beste Mitarbeiter wird Moderator; er muß die eben genannten Spielregeln souverän beherrschen, muß sie durchsetzen können und zu jeder Zeit die Übersicht über den Ablauf des Geschehens haben. Der Moderator achtet außerdem darauf, daß die Arbeitszeit eingehalten wird: höchstens 30 Minuten für einen Durchgang. Dann ist eine längere Pause nötig bzw. die Auswertung beginnt. Dabei sollte er erkennen können, ob eine von selbst eintretende Pause im Gedankenfluß nur zum Nachdenken benötigt wird, oder die Ermüdung, die gedankliche Erschöpfung der Teilnehmer andeutet.

Natürlich dürfen in der nun folgenden Auswertungsphase weitere Ideen entwickelt, bereits notierte Einfälle weitergeführt werden. Aber nun gerät alles unter eine kritische Bewertung. Dazu einige Anregungen:

kritische Bewertung

- gehört der Vorschlag tatsächlich zum Thema? ganz eng? - oder nur im weiteren Sinne?
- kann er verwirklicht werden? schon bald? - oder erst längerfristig?
- welche Vorteile bzw. Nachteile kann er bringen?
- ist es nötig, den Vorschlag näher zu untersuchen? - sind dazu zusätzliche/genauere Informationen erforderlich?

Und wenn der Moderator in der Sammlungsphase darauf zu achten hatte, daß n i c h t kritisiert wurde, so muß er nun darauf achten, daß f a i r kritisiert wird. – Leichter ist das auch nicht!

Ebenso ist in der Auswertungsphase das Sichtbar-(= Lesbar-)Machen von Ergebnissen bzw. Zwischenergebnissen besonders wichtig. Hierbei klären sich Zusammenhänge und vielfach sogar schon Zeitfolgen für eine Durchführung der angesteuerten Maßnahme (– z.B. "wie können wir unseren Arbeitsraum wohnlicher/praktischer ... gestalten?", "wie sichern wir Ordnung und Sauberkeit auf dem Pausenhof – als Voraussetzung für seine freundlichere Aufmachung?", "kann Verkehrserziehung richtiger und effektiver durchgeführt werden?"...).

Es ist in einer "Schule der Kreativität" nicht mehr nötig, auf die besondere kreativitätsfördernde Wirkung solcher Verfahren hinzuweisen (– sonst würden wir kein Wort darüber verlieren). Aber über einen anderen Gesichtspunkt wollen wir kurz sprechen. Brainstorming fördert durch seine Offenheit die Gesprächsfähigkeit, den Gedankenaustausch innerhalb einer Gruppe und das 'Wir'-Gefühl. Denn dabei entsteht tatsächlich eine kollektive Lösung, bei der der Anteil des Einzelnen nicht mehr erkennbar ist. Und weil sich solche gemeinsamen Lösungsversuche auch für recht umfangreiche und sogar für umstrittene Aufgaben eignen, ist das mitunter ganz angenehm.

Gesprächsfähigkeit/Gedankenaustausch

Brainstorming muß gelernt werden. Die Disziplin in der Sammlungsphase wächst keinesfalls von heute auf morgen. Es genügt oft schon

Disziplin

der Ausrutscher eines einzigen Gruppenmitglieds, um das sehr empfindliche Arbeitsklima umkippen zu lassen. Andererseits ist für viele Mitarbeiter die absolute Freiheit, die sie sich für ihre Äußerungen nehmen dürfen, zunächst ganz ungewohnt: Spontaneität statt der viel häufigeren Aufforderung "Überlege erst sorgfältig, ehe du etwas sagst!".

Und schließlich die Kritik in der Auswertungsphase: so hart am Thema wie möglich, deutlich genug – und doch niemals verletzend.

Aber das sind doch eigentlich alles Verhaltensweisen, mit denen wir uns längst einmal näher beschäftigen wollten. – Sowieso! –

Es gibt noch eine Reihe weiterer Methoden, mit denen kollektive Kreativität gefördert werden kann. Sie sind durchweg schon vom organisatorischen Aufwand her anspruchsvoller als diese einfache Form des 'Brainstorming' und gehören deshalb nicht in unsere bescheidene "Schule der Kreativität".

3.6 **Selbstbeobachtung – Fremdbeobachtung**

In der Zusammenstellung kreativitäts-fördernder (und -hindernder) Maßnahmen (2.2.6) steht u.a. "träumen können". Für den Lehrenden muß dazu gelten: träumen lassen! Im Unterricht? – und wer gewährleistet, daß der Lernende tatsächlich von dem Problem 'träumt', das es zu lösen gilt?

Lern- und Denkakte können nicht beobachtet werden. Es kann den Lehrer auch nur wenig beruhigen, wenn man sagt, daß schließlich die Ergebnisse der Denkvorgänge als 'Anzeiger'/Indikatoren nachweisen werden, daß überhaupt und —▹erfolgreich gedacht worden ist (– hoffentlich!).

Wie wäre es, wenn man versuchte, aus dem eigenen Verhalten im kreativen Tun auf das Verhalten anderer in vergleichbaren Vorgängen zu schließen? Wir betonen ja immer wieder, daß der Lehrer jede Aufgabe, die er seinen Schülern stellen will, zuvor selbst sorgfältig durchgearbeitet haben soll.

K. POPPER stellt zu einem solchen Vorschlag kategorisch fest: "Es ist klar, daß wir uns nicht auf ein Problem konzentrieren und gleichzeitig selbst beobachten können."

Es wäre auch ein fataler Fehlschluß, wenn wir uns zur Selbstbeobachtung auf die Fähigkeit des menschlichen Gedächtnisses berufen wollten, mehrspurig denken (3.3) zu können: m e h r - s p u r i g kann nur bedeuten, daß Denkvorgänge nebeneinander und in nahezu gleicher Richtung verlaufen – aber nicht gegeneinander oder sich kreuzend.

Gibt es also wirklich keine Möglichkeit, dem kreativen Tun anderer durch Beobachtung (zunächst) eigener Verhaltensweisen und anschließenden 'Vergleich' auf die Spur zu kommen?
In der "Würzburger Schule", einer Psychologen-Gruppe um O. KÜLPE und – bekannter – K. BÜHLER, sind sogenannte "Ausfrageexperimente" entwickelt worden, in denen die Versuchspersonen über ihre Empfindungen und Reaktionen (z.B.) bei Textbearbeitungen berichten, also introspektiv versuchen sollten, Denkvorgänge oder wichtige Einzelheiten dieser Vorgänge zu klären. Natürlich klappte auch das nicht im Denkvorgang selbst, aber die Versuche waren so angeordnet, daß jeweils nach einem wichtigen Schritt bzw. Zwischenschritt eingehalten und 'reflektiert' werden konnte. Trotzdem ist dabei immer ein Teil wesentlicher Fakten verlorengegangen. - Aber immerhin: wir können uns dieses Verfahren zu eigen machen, um zumindest besonders Auffälliges, immer Wiederkehrendes in unserem Verhalten allmählich für Vergleiche verfügbar zu haben. Am besten, man stellt sich dazu einen Plan zusammen, denn ganz sicher muß man sich bei dieser Form der (Selbst-)Beobachtung darauf beschränken, nur jeweils e i n besonderes Phänomen, in günstigen Fällen vielleicht auch einmal z w e i zu klären.

Also – fragen Sie vielleicht zuerst nach

(1) emotionalen Anflügen

a.) (positiv:) inspiriert Sie das Thema?
warum? (—▷Nähe zu eigenen Interessengebieten; Aktualität ...)
glauben Sie, 'spontan'(?) einen erfolgsträchtigen Lösungsschritt (oder auch nur den Einstieg) gefunden zu haben?
würden Sie sich gerne jemandem zu Ihrer Arbeit mitteilen?
...

b.) (negativ:) sind Sie (augenblicklich) 'frustriert', weil Ihnen gar nichts einfällt?
—▷sind Sie mutlos?
stört Sie – deswegen? – sogar die Fliege an der Wand? – –
sind Sie vielleicht sogar ärgerlich (– über das blöde Thema)?
...

Meistens entwickeln sich aus den emotionalen Anflügen dann weitere Verhaltens-Besonderheiten, z.B. zum

(2) Ideenfluß; ist er zügig, vielleicht sogar überstürzt?
oder (zunächst) stockend und schließlich blokkiert?
setzt er zeitweilig ganz aus?
...

zur

(3) (Imagination)/Vorstellungsbildung:
können Sie ein gegebenes (in der Aufgabe) oder vorgestelltes 'Bild' beliebig aufrufen?
umstellen / weiter verarbeiten?
→ vereinfachen?
→ anreichern?
...

Und zuletzt, wenn Sie sich schon wiederholt mit der Aufgabe beschäftigen, ist Ihre

(4) Neugier intakt?
wie lange bleiben Sie (– auf eine Lösung) wirklich neugierig?
können Sie sich (mehrfach) neu motivieren (z.B. aus einem Anlaß bei (1))?
...

Vielleicht fällt Ihnen dort, wo in unserer Zusammenstellung „..." stehen, noch mehr ein?

Noch einmal: Es genügt vollauf, wenn Sie sich zumindest am Anfang nur jeweils zu e i n e r Frage, bestenfalls zu zwei deutlich voneinander unterscheidbaren Fragen genau beobachten. Sie werden schnell feststellen, daß das schwierig ist. Daß Sie bei diesen Beobachtungen ganz ehrlich sind, halten wir für selbstverständlich. Vermeiden Sie bitte auch, vieles in Ihr Verhalten hinein-zu-geheimnissen. Wenn Ihnen gar nichts aufgefallen ist, gab es vielleicht nichts Auffälliges!

Diese Selbstbeobachtung k a n n eine Grundlage für erfolgreiche Fremdbeobachtung (Ihrer Lernenden) sein. Das muß man wirklich so vorsichtig sagen. Und wenn Sie schon bei der Selbstbeobachtung lange brauchen werden, um zu sicheren Ergebnissen zu kommen, dann werden Sie für die Fremdbeobachtung noch weit mehr Zeit aufwenden müssen, – und Sorgfalt!

Natürlich, wenn Sie sehen, daß die Notizzettel der Problemlöser im Nu mit allerlei Einfällen vollgeschrieben sind, daß Skizzen entstehen oder emsig an Modellen hantiert wird, können Sie gut auf einen 'zügigen Ideenfluß' schließen. Aber schon wenn er plötzlich stockt/—▹blockiert ist, kann es dafür (leider!) mehrere ganz unterschiedliche Anlässe geben, – und sie müssen keineswegs im Thema liegen.

Ganz sicher ist, daß Fremdbeobachtung gründlich geübt werden muß. Nur in der Arbeit mit älteren, erfahrenen Lernenden können Sie die Ergebnisse Ihrer (Fremd-)Beobachtungen auch einmal mit dem vergleichen, was solche Personen an sich selbst beobachten (– wenn Sie mit ihnen die Selbstbeobachtung trainiert haben).

3.7 Der Abenteuer-Spielplatz

ist eine Aufforderung an unsere Kinder, kreativ zu sein. Dabei wirkt die Beschränkung im Materialangebot, das ihnen zur Verwirklichung ihrer 'Träume' zur Verfügung steht, kreativitätsfördernd. Motiviert werden sie aus der Aufgabe, mit eben diesen Mitteln etwas zu schaffen, was ihre (Erwachsenen-)Umwelt nur noch aus viel anspruchsvollerem Material und mit ausgefeilter Technologie zustande bringt und als fertige,perfekte Lösung vorstellt. Natürlich muß das Material, aus dem sie (z.B.) eine Hütte bauen sollen, ihren technischen Fähigkeiten angemessen sein. Kreativ werden sie erst dann, wenn sie diese Fähigkeiten entdecken und —▹entwickeln.

Motiviert eigentlich vor allem diese Form der Vereinfachung? Natürlich nicht! Aber sie ist unbedingt notwendig in der Arbeit mit jungen Menschen, und sie sichert unser Bemühen um Kreativität gegen eine Fehlentwicklung, die sich aus unserer perfekten Umwelt begründet, gegen Versuche, um jeden Preis 'originell', andersartig sein zu wollen. 'Originell' bekommt in diesem Zusammenhang einen bemerkenswert negativen Beigeschmack, deswegen, weil es eben nicht mehr 'ursprünglich' bedeutet, sondern vor allem 'andersartig' - koste es,was es wolle. Nicht einmal die Flucht vor übermächtigem Konformitätsdruck aber rechtfertigt unechte Lösungen. (Vielleicht hilft es uns, wenn wir hier Kreativität mit Problemlösen nahe zusammenbringen: ein 'bißchen Problem' gehört wohl zu jeder echten kreativen Leistung, wenn sie nicht nur 'andersartig'sein soll!) –

Da fällt mir eben ein ganz lächerliches Beispiel ein:

(Anzeige:) Billig abzugeben:
Ein Posten Nachttöpfe mit kleinem Herstellungsfehler (Henkel innen).

Fa. . . . (Schilda)

Sind solche Nachttöpfe nun kreativ (gestaltet) oder nur andersartig-originell? -

4 AUFGABEN UND ANALYSEN

4.1 Exkurse (2) und Zwischenrufe

4.1.1 (Exkurs) Kümmern wir uns weiter um die Voraussetzungen für kreatives Tun, für erfolgreiches P r o b l e m l ö s e n, und dabei zunächst um den

Wissens-Grundbestand oder die **epistemische Basis.**

Eine Frage vorweg: müssen wir wirklich mit immer wieder neuen Fremdwörtern umzugehen lernen? Reicht unsere Umgangssprache nicht aus, das zu beschreiben, was wir meinen?

Natürlich ist es völlig hinreichend, wenn Sie - vor allem mit Lernenden - stets vom 'Wissens-Grundbestand' reden, den man für eine Problemlösung braucht. Mit Ihnen aber möchten wir hier versuchen, das Besondere in der Funktion des strukturierbaren Teils eines umfassenden Wissensbestandes so genau wie möglich 'auf den Begriff' zu bringen, - zunächst ziemlich theoretisch, aber nachher doch wieder ganz praktisch.

Fast immer, wenn uns ein Ausdruck unserer Umgangssprache nicht treffend genug erscheint, suchen wir nach einem Fremdwort. Für unseren Untersuchungsgegenstand hat irgend jemand die griechische Wendung 'epistemische Basis' geprägt. Aber damit fangen schon erste Schwierigkeiten an, denn:

Den Begriff epistemische Basis (für einen Problemlösungsprozeß) richtig zu übersetzen ist nicht ganz einfach. 'epistemisch' gehört nicht zu den bekannten Wortverbindungen mit der (gr.) Vorsilbe epi- = darauf/daneben/darüber/bei, wie in Epidemie, Epilog oder Epizentrum (—▷Erdbeben). Die Herleitung des Wortes aus der (gr.-lat.) Epistemologie = Wissenschaftslehre/Erkenntnistheorie gibt nichts her. Bei der Epidemie deutet 'epi' auf das räumlich und zeitlich b e g r e n z t e Auftreten einer Krankheit hin. Der Epilog ist ein N a c h wort oder ein N a c h - spiel. Das Epizentrum schließlich ist der unmittelbar ü b e r einem Erdbebenherd liegende Teil der Erdoberfläche.

Aber: (allzu) begrenzt - weder zeitlich noch räumlich - sollte die epistemische Basis für einen Problemlösungsprozeß keinesfalls sein; nach einer Problemlösung nützt sie uns nichts; lediglich die Vorstellung von einem 'Bereich' über oder unter, am besten um ein Problem herum - durchaus räumlich! - kann uns ein wenig weiterhelfen.

Auch 'Basis' dürfen wir mit 'Grundlage' oder gar Ausgangs-'punkt' nicht allzu wörtlich übersetzen.

Es ist also schwierig, sich das richtige 'Bild' einer epistemischen Basis zu machen.

Die epistemische Basis ist der Bereitstellungsraum für die Informationen, die der Lösende in einen Problemlösungs-Vorgang einbringen kann.

Ist sie zu eng begrenzt, zu einseitig ausgerichtet und/oder zu lückenhaft, bleibt das Problem unlösbar!

Oder - hilft dann vielleicht noch ein wirklich kreativer, ein 'genialer' Einfall weiter? - Nein! Kreativität ist beim Problemlösen lediglich die Fähigkeit, Ab-Wegiges zu finden, Ungeordnetes zu ordnen und neu zu 'richten', (landläufig) Un-Denkbares oder - bescheidener - Außer-Gewöhnliches zu denken. Aber sowohl das Ab-Wegige als auch das Ungeordnete muß in der epistemischen Basis zu finden sein - gelegentlich dort, wo es der 'Geradeaus-Denker' niemals zu finden wüßte, z.B. ab(seits) des Weges. Und Genialität ist nach der Aussage echter und glaubwürdiger Genies auch zu '90% Transpiration, also Fleiß, und nur zu 10% Inspiration' (zitiert - angeblich - nach EDISON).

Zurück zu unserem Bild von der epistemischen Basis. Warum begnügen wir uns nicht mit dem Begriff des Bereitstellungs'feldes' für die notwendigen Informationen? Es würde genau unseren Abbildungen 6a/b entsprechen.

Wir wollen mehr. Und dazu hilft uns am besten die Arbeit an einem echten Problem weiter.

In Aufgabensammlungen zum Problemlösen wird unser Beispiel zur Abb. 4 stets so angeboten, daß man es anhand der sehr einfachen Zeichnung 'in der Vorstellung' lösen soll, - ganz 'zweidimensional'. Vor allem jüngeren Menschen fällt die Lösung etwas leichter, wenn man sie im Lösungsvorgang hantieren läßt, also wenn man ihnen (z.B.) zwei Bohlen aus Karton gibt und sie mit diesen Hilfsmitteln probieren und experimentieren dürfen. Die Lösung entwickelt sich dann aus der 'konstruktiven' Verwendung der beiden Bohlen, sozusagen aus der Natur des Lösungshilfsmittels.

Mit einem Blick auf die Darstellung der epistemischen Basis in den Abbildungen 6a/b könnten wir hierzu sagen: die zweidimensionale Zeichnung zusammen mit den zweidimensional verwendeten Bohlen sind das F e l d, auf dem alle notwendigen Informationen und ein kreativer Einfall zu einer Lösung zusamenfließen.

4.1.1

Die Dracheninsel

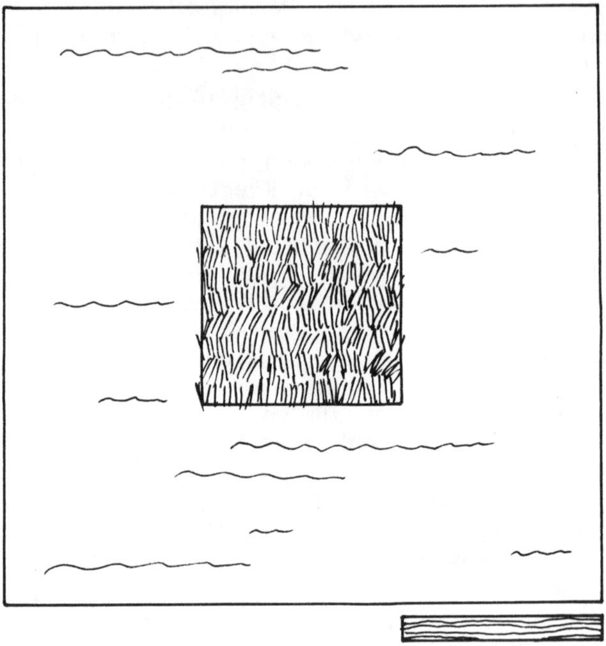

Abb. 4

Auf einer kleinen quadratischen Insel mitten im tiefen See hält ein widerlicher Drache die niedliche Königstochter gefangen. Das Mädchen kann leider nicht schwimmen!

Als endlich der tapfere Ritter kommt, den Drachen zusammenschlägt und die Königstochter befreien will, ist guter Rat teuer: kein Boot aufzutreiben!

Lediglich zwei gleich lange Bohlen findet er am Seeufer (- eine davon ist abgebildet), aber noch nicht einmal ein Stück Draht, einen Strick, ein paar Nägel oder Schrauben, mit denen er die Bohlen zusammenfügen könnte.

Kann er das Mädchen trotzdem retten?

(Am besten, Sie richten sich zwei Kartonstreifen her, genau(!) in der Größe der abgebildeten 'Bohle', und 'spielen' mit ihnen.)

Sie haben eine Lösung gefunden? Bitte vergleichen Sie sie mit dem Lösungsvorschlag auf Seite 127.

Nun - der Drache läßt das Rauben nicht! Und als er wieder einmal eine hübsche Königstochter erwischen kann, baut er vorsichthalber die Insel um: —▷ Abbildung 5.

Abb. 5

Ist der Fall nun hoffnungslos? Oder hat der Ritter einen neuen, noch besseren Einfall? - Sie auch?

(Die Lösung finden Sie auf Seite 128.)

Weil es bei diesen beiden anscheinend so ähnlichen, in Wirklichkeit aber grundverschiedenen Problemlösungen (auch) darum geht, den Begriff 'epistemische Basis' in einem Beispiel genau zu fassen, analysieren wir sie nun sorgfältig, wobei sich zeigen wird, warum wir so viel Wert auf das Raumbild für die epistemische Basis legen müssen.

Dazu ein knappes Analyseschema:

Die Aufgabe zur Abb. 4 / Lösung im zweidimensionalen Vorstellungsfeld

Für die Rettung der Prinzessin stehen ausschließlich zwei Bohlen zur Verfügung.

⊕ Sie sind fest genug, um einen Menschen zu tragen;

↓

⊕ bei geschickter konstruktiver Anordnung kann ein begehbarer 'Weg' für die Prinzessin geschaffen werden. (Lösung Abb. 24; S. 127)

⊖ *Sie sind gleich lang, aber nicht lang genug, um eine Verbindung unmittelbar vom Land zur Insel herzustellen; sie können nicht haltbar miteinander verbunden, also nicht verlängert werden; als Fahrzeug (Floß) sind sie nicht zu verwenden.*

Die Lösung entwickelt sich in einem Vorstellungsf e l d.

Ein Schritt weiter:

Die Aufgabe zur Abb. 5 / Lösung im dreidimensionalen Vorstellungsraum

Es stehen die gleichen Rettungs-Hilfsmittel wie bei 4 zur Verfügung (Bestandsaufnahme; notwendig wird außerdem eine ⟶ Umwertung.)

⊖ *die 'konstruktive' Lösung wie bei 4 reicht nicht aus; der Abstand von der über Eck gelegten Bohle bis zur Insel ist für die zweite Bohle zu groß;*

⊖ *es gibt (w.o.) keine Möglichkeit, die Bohlen f e s t miteinander zu verbinden.*

⊕ hintereinander-gelegt würden die nur ein wenig zu kurzen Bohlen einen brauchbaren Überweg hergeben, aber . . .

←

Die Möglichkeiten einer zweidimensional-konstruktiven Lösung sind ausgereizt. Der Lösende muß seine Gedanken in eine ganz andere Richtung schweifen lassen, muß 'Gesichts'punkte(!) in seine Überlegungen miteinbeziehen, die bisher gar nicht im Spiel waren und die aus einem ganz anderen Zusammenhang (⟶'Dimension' / – Maßbereich) stammen.

Er arbeitet nun mit dem Gewicht/bzw. dem Gewichtsunterschied zwischen den beiden Menschen und weiter mit den Hebelgesetzen (– dabei ist es unwichtig, ob sie dem Lösenden als "Gesetze" bekannt sind, oder ob er sie lediglich aus Erfahrung richtig anzuwenden weiß!).

Die Zeichnung der Abb. 25 stellt die Lösung der Aufgabe Abb. 5 dar. Sie deutet die – gegenüber 4 – zusätzlich gewonnene Dimension an (Seitensicht statt Draufsicht).
(Übrigens: diese Lösung ist natürlich auch schon für die Aufgabe 4 / quadratische Insel möglich!)

Zusammengefaßt:

Die epistemische Basis ist die I n f o r m a t i o n s g u n d l a g e, von der aus der Weg zur Lösung eines Problems gesucht werden kann.
Ohne eine ausreichende epistemische Basis 'läuft' nichts!
Eine sehr schmale epistemische Basis reicht nur für ganz einfache Problemlösungen aus.
Die epistemische Basis jedes einzelnen Menschen erweitert sich ständig, z.B.
- durch (ungezielten) E r f a h r u n g s g e w i n n oder
- durch (gezieltes) L e r n e n.
Dabei wird uns ein Schatz von Erkenntnissen zugänglich, der (u.a.) von der Kultur'schicht' abhängig ist, in der wir aufwachsen: (ganz einfach) wo die Hebelgesetze zur allgemeinen Bildung gehören, lernt sie jeder irgendwann einmal kennen und hat sie ab sofort auch für Problemlösungen zur Verfügung.

4.1.2.1 Noch einmal: **epistemische Basis**, diesmal grafisch dargestellt

Aber bitte: Wenn Sie die beiden folgenden Abbildungen 'lesen', denken Sie immer wieder daran, daß hier etwas ungemein Komplexes leichter Lesbarkeit wegen beinahe unzulässig vereinfacht dargestellt wird, denn

- die Datenbasis ('epistemische B.') mit ihren Wissenseinzelheiten darf man sich eben nicht flächenhaft-zweidimensional, sondern man muß sie sich mehrdimensional vorzustellen versuchen (—▷Aufgaben zu den Abb. 4 und 5);

- das gilt selbstverständlich auch für den Bereich des 'freien' Denkens, der eigentlich überhaupt nicht darzustellen ist - eben weil er frei sein soll.

- Der Eindruck, daß in der Abbildung 6b, die das Verhältnis 'Datenbasis : Bereich freien Denkens' beim fortgeschrittenen Problemlöser deutlich machen soll, die Informationen in der Datenbasis dichter liegen als bei 6a, ist richtig bzw. beabsichtigt: selbstverständlich füllt sich beim Arbeiten an Problemlösungen auch die Datenbasis allmählich auf, sogar ohne daß man sie bewußt zu erweitern versucht.

Datenbasis mit noch verhältnismäßig wenig Wissens-Einzelheiten

Bereich des freien/schweifenden/(divergenten) Denkens

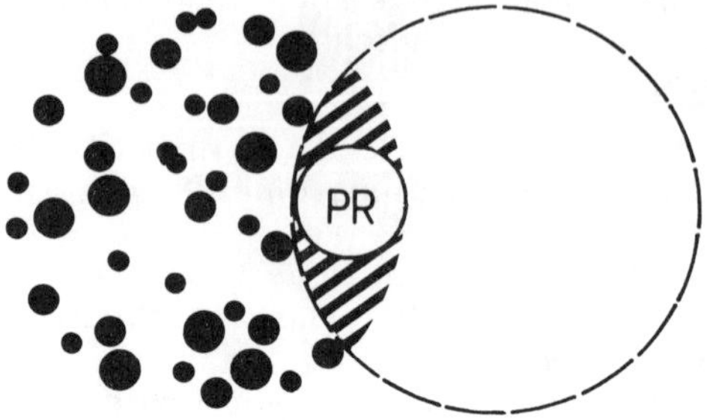

Abb. 6a

Das Problem (PR), eingeschlossen in den Bereich geordneter Strukturen, aus dem die Lösung kommen muß. Dieser Überschneidungsbereich/—▷ B. gegenseitiger Einwirkung von epistemischer Basis und freiem Denken ist beim 'Anfänger' noch klein.

Abb.6b

Die Weiterentwicklung beim geübten Problemlöser

Der Bereich der 'geordneten Strukturen', im schraffierten Feld vorgestellt, ist bei 6a noch klein, bei 6b, also beim geübten Problemlöser, sehr viel größer. Weil er so groß ist, kann(!) dieser geordneten Strukturen wegen eine Problemlösung verhältnismäßig 'leicht' ablaufen, fast routinemäßig. Und es ist durchaus möglich, daß dabei nach (echter) Kreativität kaum noch gefragt wird. Aber es gibt auch für fortgeschrittene Problemlöser noch immer wieder Aufgabenfelder, auf denen ihre Datenbasis ganz unzureichend ist, auf denen wieder alle Lösungsfähigkeiten gefordert sind, insbesondere ihre Kreativität.

4.1.2.2 Und noch ein dritter Versuch, den Problemlösungsprozeß mit seinen wichtigsten Wirk-Mechanismen als Ablaufdiagramm, also 'dynamisch' darzustellen.

Abb. 7

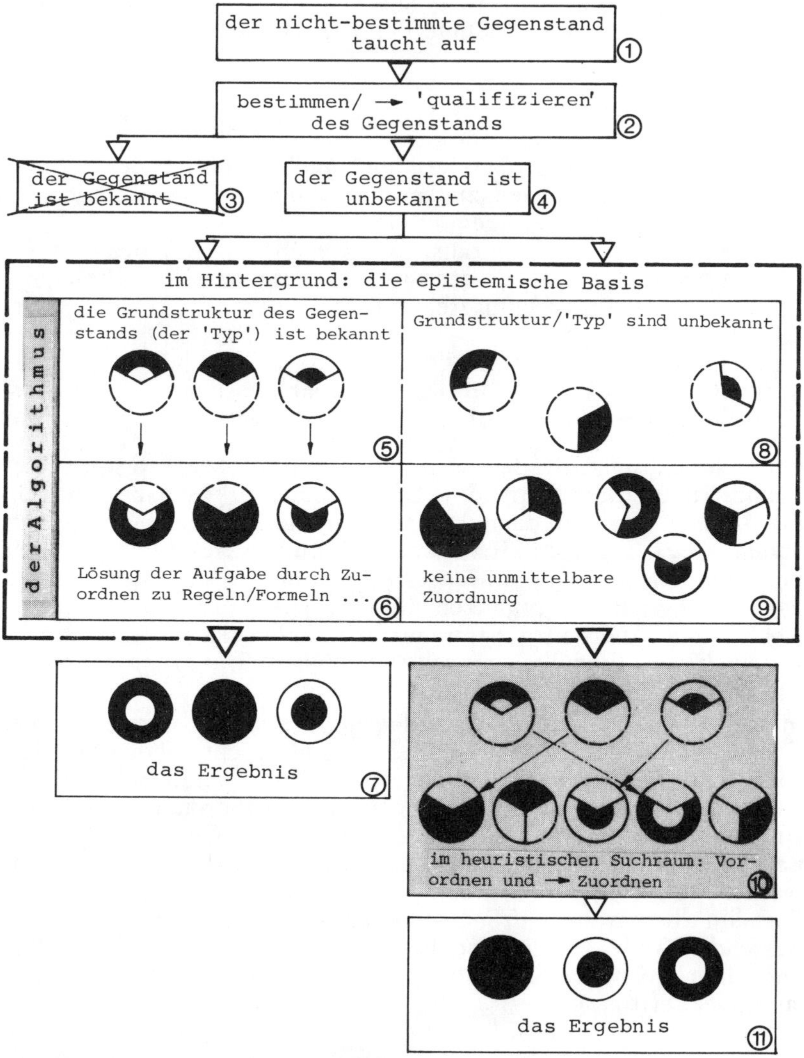

Die Aufgabenlösung; auch die Lösung 'algorithmischer' Probleme

Die Problemlösung; mit dem Kernbereich 'heuristischer Suchraum' = Raum des divergenten Denkens und der Kreativität

4.1.2.2

Anleitung zum Lesen der Abb. 7 (Problemlösungs-Ablaufdiagramm)

(Es ist immer ein wenig mißlich, wenn man zum Verstehen eines Bildes eine Anweisung braucht, aber uns liegt viel daran, daß Sie diese Abbildung in allen Teilen ganz richtig lesen. Wir werden sogar eine Erörterung anschließen, die uns für das Gesamtverständnis dieser "Schule der Kreativität" außerordentlich wichtig ist.)

Zu

(1) ist keine Erläuterung nötig.

(2) Der Gegenstand wird einer, auch mehreren(?) äußerlich erkennbaren Kategorien zugeordnet = qualifiziert; Kategorien können sein: Sache; Ereignis, Prozeß ...
Hierbei stellt sich heraus: der Gegenstand ist bekannt (– und damit für eine Erörterung von Aufgaben bzw. Problemlösungs-Prozessen uninteressant) oder

(4) unbekannt.
Es entwickelt sich entweder
- eine Aufgabe (5) (6) (7), —▷ Aufgabenlösung oder
- ein Problem (8) (9) (10) (11) —▷ Problemlösung.

Für eine Lösung in der 'Aufgaben'reihe muß wenigstens die Grundstruktur/der 'Typ' des Gegenstands erkennbar sein (5). Zur Lösung stehen dann Wissens-Grundbestände bereit, der Struktur des Gegenstands verwandt, die nach Gesetzen, Regeln, Formeln o.ä., einem Lösungs-'Algorithmus', den Gegenstand zum Lösungsganzen ergänzen (6) (7). Die Verwandtschaft sowohl in der Anordnung bestimmter Einzelheiten im Gegenstand als auch der Einzelheiten selbst mit den Ergänzungsteilen in der epistemischen Basis ist zu erkennen.

In der 'Problem'kette wird deutlich, daß a.) entweder die Grundstruktur/der 'Typ' des Gegenstands nicht eindeutig oder sogar unbekannt ist (8) und/oder b.) in der epistemischen Basis ähnlich strukturierte Ergänzungen nur ungeordnet vorhanden sind. So ist eine unmittelbare Zuordnung der Gegenstands-Einzelheiten zu ergänzungs-fähigen Lösungs-Grundelementen nicht möglich (9).

Erst im 'heuristischen'/Such-Raum (10) müssen die zueinander passenden Teile vor- und schließlich zugeordnet werden, so daß auch hier Lösungsganze entstehen (—▷ divergentes Denken; —▷ kreative Leistung).

4.1.3 (Zwischenruf:) Von Konstrukten

Natürlich hatten wir in unserer Arbeitsgruppe auch das 'kritische Gewissen vom Dienst' (– jede Arbeitsgruppe sollte so ein Gewissen haben!). Unser konstruktiver Skeptiker ließ sich viele vermeintliche Selbst-Verständlichkeiten erklären. Seine Frage:

"Was alles von dem, das oben ausführlich dargestellt worden ist, hat je ein Gehirnphysiologe beobachten können? Wo sind die Phänomene in der Wirklichkeit, die da mit hoch-wissenschaftlichen Namen benannt werden?"

Ein ernstzunehmender Einwand, den wir als Anregung gerne aufgreifen. Einige zusätzliche Anmerkungen zur Abb. 7 sollen helfen, den wissenschaftstheoretischen Status unserer Überlegungen am Gegenstand "Aufgaben- bzw. Problemlösungs-Prozeß" genauer zu bestimmen.

Abb. 7; das Ablaufdiagramm mit seiner stark symbolisierten Darstellung ist ein Beschreibungsmodell. Beschrieben wird der gedachte/—▷vorgestellte Zusammenhang zwischen einigen Konstrukten* – hier: "epistemische Basis", "heuristischer/ Such-Raum" ...– in einem Vorgang.

Und nun müssen wir einmal ganz 'grundsätzlich' werden:
Wieso eigentlich 'Konstrukte'?
Wir können Denken, —▷ Problemlösen nicht beobachten. Wir nehmen die epistemische Basis und den Prozeß des 'Herumsuchens' (griech.: heurein) an, weil wir glauben, sie
(1.) aus der Selbstbeobachtung zu 'kennen' und/oder sie
(2.) aus ganz bestimmten Hinweisen ("Indikatoren") herleiten zu können. Sogar "kennen" (in Anführungsstrichen) hat hier einen ganz eigenen Sinn: so, daß wir "Denken" beschreiben könnten wie andere eigene Tätigkeiten, etwa wie "Bleistiftspitzen", so 'kennen' wir es nicht. Bestenfalls können wir in ganz bestimmten Denkprozessen Zwischenergebnisse nennen, Befindlichkeiten andeuten, aber es bleibt uns verborgen, wie unser Gehirn zu diesen Ergebnissen gekommen ist oder was zu diesen Befindlichkeiten geführt hat.

Auch andere Indikatoren, Meßergebnisse sogar, helfen uns nicht recht weiter. Gehirnstruktur-Messungen (—▷Alpha-, Beta- und Zeta-Wellen) zeigen zwar, daß im Gehirn 'typische' Prozesse ablaufen (– "typisch" insofern, als die Elektroenzephalogramme (= Aufzeichnungen der Aktionsströme des Gehirns) beim Buch-Lesen anders aussehen können als beim Kubikwurzel-Zie-

* Arbeitshypothesen, gedankliche Hilfskonstruktionen für die Beschreibung von Dingen/Vorgängen, die nicht direkt und unmittelbar zu beobachten sind

hen), aber bleiben wir kritisch: Wir beobachten nur einen Zeigerausschlag und konstruieren Zusammenhänge zwischen ihm und dem, was wir eben getan haben. 'Denken' beschreiben diese Beobachtungen nicht! Vom Ergebnis eines Denkprozesses, von der richtigen und auch von der falschen (!) Lösung einer Aufgabe her versuchen wir immer wieder auf das Denken zurückzuschließen. Aber wenn wir dann etwa verblüfft feststellen, daß die Lösung plötzlich 'da' war, haben wir über das Denken gar nichts erfahren, – obwohl wir uns über das Ergebnis freuen dürfen.

Wir beobachten, —▷ wissen, daß irgendetwas geschieht. Alle Indikatoren und unsere Selbstbeobachtung weisen auf einen komplizierten Prozeß hin, in dem ein Ursache-Wirkung-Verhältnis vorzuliegen scheint. Wir bilden ein Konstrukt und nennen es "Denken". (Und im gleichen Sinne sind das 'konvergente' und das 'divergente Denken', die 'epistemische Basis' und der 'heuristische/Such-Raum' usf. Konstrukte; mehr oder weniger anspruchsvoll, besser oder weniger gut zu handhaben, trennscharf oder ziemlich unbestimmt.)

Sind Sie nun enttäuscht vom offensichtlich recht geringen wissenschafts-theoretischen Anspruch dessen, was sie eben tun, wenn Sie über Kreativität nachdenken? Wie weit sind wir von der empirisch-wissenschaftlichen Wirklichkeit entfernt?

Trösten Sie sich damit, daß wir immerhin den Versuch gemacht haben, in einer streng 'theorie'geleiteten Spekulation das zu beschreiben und begrifflich zu fassen, was wir empirisch noch nicht nachweisen können. – Und: Wir sind von einer Abbildung, einem Beschreibungsmodell in diese Theorie-Diskussion hineingezogen worden. Oft hat wissenschaftliche Grundlagenarbeit mit solchen modellhaften Darstellungen begonnen, auf einem Knüppeldamm sozusagen, auf dem man sich immerhin bewegen und strenger wissenschaftlichen Fragestellungen nähern kann.

4.1.4 Anti-Problem: 'Flaschenöffner'

"Camping macht Spaß, Papi!" plärrt ein Kind einen bekannten Werbeslogan, " – und Hunger!" – und natürlich auch Durst. Mutter hat eine große Flasche wunderbaren, selbst-gekochten Himbeersaft mitgenommen – aber leider keinen Korkenzieher!

Können Sie die Flasche ohne Korkenzieher öffnen? – Natürlich ohne ihr den Hals abzuschlagen, denn dabei könnten kleine Glassplitter in den Himbeersaft fallen. Außerdem ist wichtig: der Korken muß heraus und darf nicht zerstört werden, denn er soll, nachdem alle ihren Durst gestillt haben, die Flasche wieder dicht verschließen. (Versuchen Sie die Lösung, aber benutzen Sie für solche Experimente nur starkwandige Flaschen, Weinflaschen z.B..)

Wir fügen unsere Lösung gleich hier ein:
Falls Sie ein dickes Handtuch zur Verfügung haben, falten Sie es mindestens zweimal, so daß vier Lagen Frottee übereinanderliegen. Ein dünneres Handtuch falten Sie mindestens dreimal (= acht Lagen). Dieses Polster legen Sie dann gegen einen ebenen, festen Untergrund, z.B. gegen die Wand der Wanderhütte (am besten eine nicht-verputzte). Dann schlagen Sie die Flasche waagerecht mit dem Boden gegen dieses Polster. Achten Sie darauf, daß immer der ganze Boden auftrifft! Nach einigen Schlägen wird der Korken so weit aus dem Flaschenhals getrieben worden sein, daß Sie ihn greifen und herausziehen können.

Nur ganz gefühllosen Gewaltmenschen ist es bisher gelungen, nach dieser Methode eine Flasche zu zertrümmern! Also: keine Angst!
Zu Hause benutzen Sie am besten weiter den Korkenzieher, denn man weiß nie genau, wie gut der Putz auf den Wänden hält.
Kannten Sie die Lösung? – Selbst wenn, können Sie erklären, nach welchen Natur-Gesetzlichkeiten diese Methode so verblüffend funktioniert? Müßte nicht eigentlich der Korken *in die Flasche hinein* getrieben werden?

Dazu eine stark vereinfachte Erklärung: Beim Auftreffen des Flascheninhalts, mit dem Flaschenboden zusammen, auf das 'Hindernis' (—▷ die Wand, ...) entsteht eine Welle als Rückwärtsbewegung. Eine Welle ist Energie. Sie treibt den Korken aus dem Flaschenhals. Und wenn die Flüssigkeit die Flasche nicht ganz füllt, wenn noch ein bißchen Luft mit eingeschlossen ist und sich für Sekundenbruchteile beim Zurücktreiben vor den Kork setzt, wird die Treibwirkung sogar noch ein wenig verstärkt, ähnlich wie bei einer langsam, aber effektiv wirkenden Luftfederung.)

Inwiefern ist dieser Fall beispielhaft für eine Problemlösung? Wo verbirgt sich hier Kreativität?
Sie werden wahrscheinlich vergeblich darüber nachgrübeln.
Dieser Fall ist – für unseren Arbeitsansatz – ein '*klassisches*' *Antibeispiel*! Wir haben ihn samt seiner Lösung nur eigefügt, um deutlich zu zeigen, was in diesem Buch tatsächlich *nicht* gemeint ist! Sie sollen nicht Kniffe und Tricks erraten, zu denen es weder aus einer sicheren Wissens-Grundlage (epistemischen Basis) noch aus echter Kreativität einen Zugang gibt. (Über das Verhältnis zwischen epistemischer Basis

und Kreativität sprechen wir immer wieder sehr ausführlich.) Den Trick mit dem Flaschenöffnen können Sie nur entweder kennen oder – nicht kennen. Ihn aus seinen zweifellos sehr wirkungsvollen physikalischen Zusammenhängen herzuleiten, überfordert oft sogar die meisten Fachleute (→ Physiker). Die Grundlagen müssen einfach 'zu weit hergeholt' werden!

"Aber", werfen Sie nun zweifellos zu recht ein, "irgend jemand muß doch einmal auf diese Lösung gekommen sein!" – Ganz sicher! Und wenn Sie sich lange genug mit solchen physikalischen Gesetzmäßigkeiten beschäftigen könnten, wäre das alles auch für Sie keine Frage mehr. Wir müssen unsere Aufgaben jedoch stets auf eine (möglichst) a l l g e m e i n e epistemische Basis stellen oder einen kreativen Einfall, so gut es geht, sinn-fällig einleiten.

Das Flaschen-Öffnungs-Beispiel soll Ihnen die Grenzen unseres Versuchs zeigen!

4.1.5 Bolzplatz

Eine leichte Aufgabe zur Einführung in die Reihe "zeichnerische Lösungen" und zum 'Einspielen' überhaupt:

> *Zwei Jungen spielen Fußball. Plötzlich treibt ein gewaltiger, aber leider verunglückter Schuß den Ball auf das Grundstück neben den Bolzplatz. Dort verschwindet er im hohen Gras, zwischen Gestrüpp und Gesträuch.*

Wie müssen die beiden suchen, wenn sie ihren Ball ganz sicher finden wollen? (Zeichnen Sie den Weg.)
(Die Lösung auf der Seite 128.)

4.1.6 (Exkurs:) Kreativität und Sprache

> *Die deutsche Sprache ist die allervollkommenste, hat viel Gemeinschaft mit der griechischen Sprache.*
>
> *M. LUTHER*

Mit der einfachen Frage "Wirkt gesprochene/geschriebene Sprache (eher) kreativitätsf ö r d e r n d oder -h e m m e n d?" geraten wir in einen wahren Wirbel von Widersprüchen. – Dichtung ist zweifellos ungemein kreativer Umgang mit Sprache. Die Sprache ist dabei vielfach nicht nur kreativ gehandhabtes Werkzeug (– des Dichters), sondern sie ist geradezu Gegenstand seiner Kreativität, – ganz auffällig etwa bei gereimter Dichtung.

Andererseits sagt EINSTEIN einmal:
"Die Worte der Sprache, wie sie gesprochen oder geschrieben

werden, scheinen bei den Mechanismen m e i n e s (Hervorh. v. Verf.) Denkens keine Rolle zu spielen. Die psychischen Einheiten, die mir als Grundbausteine des Denkens dienen, sind bestimmte Zeichen und mehr oder weniger klare Vorstellungsbilder (images), die willentlich reproduziert und kombiniert werden können...
Dies Kombinationsspiel scheint die wesentliche Charakteristik des produktiven Denkens zu sein, – lange bevor es irgendeine Verbindung mit Worten oder anderen Zeichen, die kommuniziert werden können, gibt. Konventionelle Worte oder (kommunizierbare) Zeichen müssen mühsam in einem zweiten Prozeß gesucht werden, wenn das assoziative Spiel genügend stabilisiert ist und unter Kontrolle meines Willens steht."

EINSTEIN ist vorsichtig. Er legt sich mit Worten nicht fest. Er sagt: "...scheint...", weil er die gefährlichen Bindungen der konventionellen Sprache kennt; und er sagt: "...meines Denkens..." (wir haben das oben extra deutlich gemacht). Er läßt also offen, ob das, was er meint, auch für das Denken anderer gelten kann.
Aber er bestreitet doch nachdrücklich, daß die Sprache bei der 'Fassung' seiner Gedanken in kreativen Vorgängen förderlich sein könnte. Vielmehr muß die sprachliche, die —▹kommunizierbare Aussage "...mühsam in einem zweiten Prozeß gesucht werden". Dabei bleibt sogar offen, ob das mit unserer Sprache überhaupt gelingen kann!

EINSTEIN sagt nichts über die h e m m e n d e Wirkung gesprochener/geschriebener Sprache. Oder ist etwas an seiner Wortwahl auffällig? Er spricht von "konventionellen" Worten. Nun – die Worte unserer Umgangssprache sind immer 'verabredete Begriffe', Konventionen, also konventionell. EINSTEINs Begriffs-Zusammenstellung wirkt deshalb wie ein Hendiadyoin, wie die 'Verstärkung einer Aussage'(griech.: "Eins-durch-Zwei"). Sie weist auf einen Widerspruch hin, der in der Sache selbst liegen kann (– jedenfalls dann, wenn Sprache nicht Gegenstand kreativer Prozesse ist!).
Kreatives Denken und Handeln ist ein unkonventioneller, gar nicht 'allgemeiner' Vorgang. Es ist durchaus denkbar, daß sich sein Ergebnis mit herkömmlichen, allgemeinen Sprach'mitteln' nicht richtig darstellen läßt. Aber wir müssen noch einen Schritt weitergehen. Die Sprache kontrolliert, führt ja auch unser Denken – verabredungs-gemäß, konventionell, wie auf einer Schiene. Und so kann sie tatsächlich für manchen schöpferischen Denkvorgang hinderlich werden, wenn man nicht, wie EINSTEIN, in Zeichen und Vorstellungen (images), in Bildern denken kann. Dann ist es oft sogar nützlich, gelegentlich unvermeidlich, die Ergebnisse des kreativen Prozesses in Zeichen

und Bildern darzustellen, – und nicht mühsam nach Worten zu suchen. Die bildenden Künstler haben es hier leicht, ebenso die Musiker. Von ihnen verlangt man keine (er-)klärenden Worte. Im Gegenteil: Maler, Bildhauer und Musiker, die Ihre Werke wortreich zu erläutern versuchen ("erläutern" kommt von "lauter" = gereinigt, unverfälscht), wirken oft peinlich.

Versuche, Probleme auf einem un'mittel'baren Wege verbal (-sprachlich) zu (er-)klären und zu lösen, scheitern oft an der Enge unserer verabredeten sprachlichen Begriffe. Unmittelbar ist dieser Weg, weil er andere Mittel – Zeichen und Symbole, Konzepte und nicht-'logische' Muster, Vorstellungen und Bilder – nicht beachtet.

Aber verfangen wir uns hier nicht schon wieder in einem fatalen Widerspruch? 'Irgendwie' muß das Ergebnis unseres kreativen Denkens doch dargestellt werden, möglichst allgemein-verständlich, also in gesprochener Sprache (– oder in Bildern oder in Modellen; aber es ist klar, daß auch diese beiden Darstellungsformen enge Grenzen haben!).

Zunächst einmal: niemand muß das Ergebnis seines produktiven Denkens anderen mitteilen! Produktives Denken hat seinen Wert in sich selbst, (zunächst) nur für den Denkenden, als sein Erlebnis. Wenn er sich aber trotzdem mitteilen will, dann muß er gegebenenfalls in einem zweiten, mühsamen Prozeß seine Zeichen und Worte suchen. Dabei wird ihm eine Übung helfen, die zu den Grund-Verhaltensweisen des kreativen Problemlösens zählt: das Lockern, das—▷Aufbrechen von (hier: sprachlichen) Konventionen.

Wie man das macht?

Sie finden in diesem Buch und – natürlich – auch in diesem Kapitel vielfache Beispiele dafür. Erinnern Sie sich an die Schreibform "un'mittel'bar" (oben)? Welches Gewicht bekommt hier der Wortteil "mittel"! Wie ändert sich sogar sein Sinn, das, was er ab'bild'et! Die kleinen Pfeile (—▷) vor manchen Wörtern, die durchaus nicht zum konventionellen deutschen Schriftbild gehören, zeigen, daß hier eine Aussage weitergeschrieben, auf einen 'spitzeren' Begriff gebracht werden soll (Lockern, —▷Aufbrechen). Nun sollen Sie keineswegs zukünftig ihre Aufsätze mit allerlei selbst-erfundenen Zeichen und Symbolen ausschmücken, – Sie würden dann wohl bald nicht mehr allgemein-verständlich sein –; aber jedenfalls dann, wenn sie das Ergebnis eines kreativen Denkvorgangs für sich selbst aufzeichnen, dürfen Sie hemmungslos Bilder und Zeichen verwenden, die nur Sie alleine deuten können.

Abschließende Randbemerkung:

Uns ist nicht bekannt, ob schon einmal jemand untersucht hat,

wie sich die große Freiheit im Umgang mit der deutschen Sprache, mit ihren Wortklassen, Begriffen und Oberbegriffen, ihrer Syntax auf's kreative Denken auswirkt. Hinderlich dürfte sie nicht sein. Förderlich freilich auch nur dann, wenn man sie zu nutzen weiß.
Noch ein Hinweis:
EINSTEIN spricht in seinen oben zitierten Bemerkungen vom 'assoziativen Spiel' seiner Gedanken. Bitte merken Sie sich diese Wendung. Sie wird uns, ebenso oder ganz ähnlich, noch oft begegnen. Denn mit ihr hat EINSTEIN die vielleicht wichtigste Form kreativen 'Verhaltens' auf die knappste Formel gebracht.

4.1.7 'Unser täglicher ...'

E. PAUL TORRANCE meint: "...die e i n z i g e (Hervorh. v. Verf.) Eigenschaft geistigen Arbeitens jugendlicher ... Schul-Drop-Outs, aufgrund deren sie sich besonders stark von anderen unterscheiden, (sei) die Unfähigkeit zur Elaboration ... " (von Sprache)*. Da die ganz überwiegende Zahl unserer Aufgaben zur Pflege der Kreativität in 'elaborierter' Sprache gestellt ist, in einer Sprache also, zu der viele Menschen nur ungenügenden Zugang finden, könnten sie allein deshalb unlösbar bleiben, weil sie nicht richtig verstanden worden sind.
Üben Sie also das Elaborieren!

Dazu müssen Sie Texte entwerfen, die im Schwierigkeitsgrad genau der Leistungsfähigkeit der Lernenden angemessen sind.

Ein Beispiel:

10 Min.	Obwohl die Ampel an der Kreuzung Hauptstraße-
40 Min.	Breite Straße eben auf "Rot" umsprang, versuchten
17.35	zwei PKW noch, die Kreuzung zu überqueren.
18.15	Dort fuhr ihm ein Fahrzeug des Querverkehrs rechts
18.25	in die Seite.
	Um den Unfall aufnehmen zu können, mußte die gesamte Kreuzung für etwa gesperrt werden.
	Als dann das nachfolgende Fahrzeug auf der regennassen Straße doch noch bremste, wurde es vom ersten Wagen gerammt und auf die Querspur gedrückt.
	Der Fahrer wurde dabei erheblich verletzt.
	Der verletzte Fahrer wurde gegen Uhr auf der Unfallabteilung des Kreiskrankenhauses eingeliefert.

* TORRANCE, E.P.: Die Pflege schöpferischer Begabung; in: MÜHLE/SCHELL (Hrsg.): Kreativität und Schule; 1973

Gestern nachmittag kam es im dichten Feierabendverkehr gegen Uhr zu einem schweren Auffahrunfall.
Schon später, um 17.45 Uhr, war das Unfallkommando der Verkehrspolizei am Unfallort.
Alle am Unfall beteiligten Fahrzeuge mußten abgeschleppt werden.
Auch ein Krankentransport-Fahrzeug war schnell zur Stelle.
Der Unfallort war gegen Uhr wieder geräumt.

Dieser Text ist dem Setzer ganz offensichtlich ein wenig durcheinander geraten!

Natürlich sollen die Sätze in die richtige Reihenfolge gebracht werden. Dabei können (auch) die gesondert ausgedruckten Zeitangaben helfen, wenn sie korrekt in die Text-Lücken eingesetzt werden. Wichtiger aber ist es, die Sätze nach der Folge-Richtigkeit im Ablauf des Geschehens zu ordnen. Einige Stolpersteine erschweren diese Aufgabe. Außerdem sind dem Berichterstatter (– oder dem Setzer?) zwei sinnentstellende Fehler unterlaufen: die 'Verwechslung' zweier Worte und die falsche Darstellung eines 'technischen' Sachverhalts.
Zuletzt: auch die Überschrift fehlt! –
(Lösung S. 128.)

Der Text enthält keine Fremdwörter, aber immerhin einige Fachbegriffe, die in einer Nachbereitung sorgfältig näher bestimmt werden müssen; natürlich von den Bearbeitern! Sie erweitern ('elaborieren') einen überschaubaren Begriffsraum.
Vielleicht kommt sogar ein 'Begriffsfeld-Diagramm' zustande?

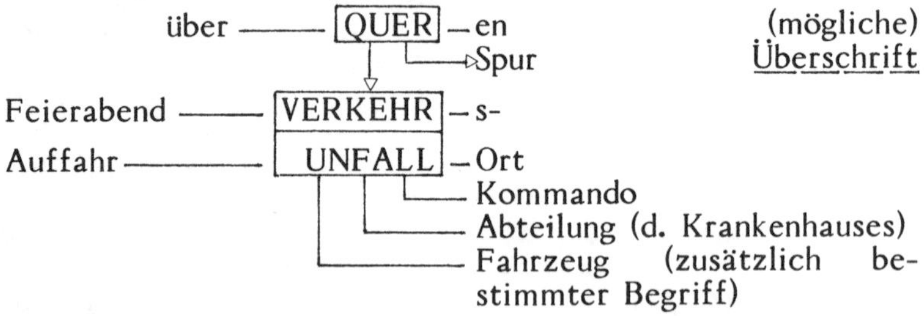

Diese Aufgabe ist ein bezeichnendes Beispiel für konvergentes (= zusammenordnendes) Denken. Geübt werden soll das Lesen von Beschreibungs-Einzelheiten, das Überprüfen von Daten/Informationen (—▷ die Zeitangaben; Unfalldetails) und das Einreihen in einen Sinnzusammenhang, der sich aus dem 'logischen' Ablauf solcher Geschehnisse (—▷ Unfälle) ergibt, eben "einen

Sinn machen" muß. Die begrenzte Anzahl von Informationen erlaubt es, gewisse Zusammenhänge einfach auszuprobieren. Es muß aber nirgendwo 'neuer', abseitiger Sinn gesucht werden. Divergentes Denken (—▷Kreativität) ist nicht in erster Linie gefragt.
Die Aufgabe ist deshalb bestenfalls als Einübung erfolgversprechender Methoden/Maßnahmen im kreativen Prozeß zu werten.

4.2 Erste Bemerkungen zur 'Allgemeinbildung'

Über Allgemeinbildung hat niemand etwas gesagt, was zitiert werden könnte!

D.

Zu unserer nächsten Aufgabe gehört eine kleine Geschichte. Als sie zum ersten Male einer studentischen Arbeitsgruppe gestellt wurde, saßen noch nach einer ganzen Weile einige der jungen Leute untätig vor ihrem Arbeitsblatt. Wir vermuteten fast schon, daß sie – wie weiland C.F. GAUSS* – eine ganz geniale, schnelle Lösung gefunden hätten und nun im tiefsten Seelenfrieden auf die Ergebnisse der weitaus weniger genialen Bemühungen aller anderen Mitglieder der Arbeitsgruppe warteten.
Schließlich meldete sich eine junge Dame: "Ich weiß mit der Aufgabe überhaupt nichts anzufangen!" Und die Gesichter der anderen Untätigen bestätigten diese verblüffende Feststellung. Wie konnten wir weiterhelfen? – Versuch:
"Es handelt sich um ein paar ganz einfache Überlegungen zu den Hebelgesetzen!"
"Ja," sagte die junge Dame, "das habe ich mir gedacht. Aber – von den Hebelgesetzen habe ich keine Ahnung!" – Und von den anderen kam das Echo: "Keine Ahnung!"

So etwas kann Ihnen heute begegnen: eine ganze Gruppe von Menschen kennt die Hebelgesetze noch nicht einmal im Ansatz. Vom Weiterdenken darf schon überhaupt nicht die Rede sein.

* Falls Sie die Geschichte noch nicht kennen:

Als C.F. noch ein recht junger Schüler war, wollte sein Lehrer einmal die Klasse für eine kleine Weile ganz 'ruhig stellen'. Er gab den Schülern auf, die Summe der Zahlen von 1 bis 100 festzustellen. Bereits nach kürzester Zeit meldete sich C.F. mit dem richtigen Ergebnis. Er hatte 1 + 99, 2 + 98, ... also 49 · 100 + 100 + 50 gerechnet; nicht ganz korrekt, denn 49 · 100 ist keine Summe, sondern ein Produkt — — aber ungemein kreativ.

– Schrecklich?
Versuchen wir, das Vorkommnis, in unserem Sinne, ins Positive zu wenden.

Irgend jemand, also ein Lehrer, ein Lehrplan-Fachmann ... hat gemeint, die Hebelgesetze gehörten nicht unbedingt zu der so oft zitierten 'Allgemeinbildung'. Weil man sie nicht nötig braucht? – Nein! Man braucht vieles andere aus dieser 'Allgemeinbildung' ebenso wenig. Weil man sie sich ohne große Schwierigkeiten notfalls selber aneignen kann? – Schon eher! Aber das setzt natürlich voraus, daß man ganz bestimmte Lern- und Denkformen beherrscht. Lernen wir diese Formen in der Schule kennen?

Als Ausweg bietet sich lediglich an, immer mehr Menschen zum Selber-Lernen, —▷ Selber-Denken fähig zu machen, sie auf ihre vielfach gar nicht mehr geforderten Lernmöglichkeiten zu verweisen und - ihre Kreativität zu fördern.

Sie wollten noch wissen, wie das mit der Studentengruppe weitergegangen ist, die die Hebelgesetze nicht kannte? Die jungen Leute wurden - in Gedanken - auf einen Kinderspielplatz geschickt. Dort konnten sie sich daran erinnern, wie schwierig es ist, wenn der Vater mit dem Sohne oder die große mit der kleinen Schwester auf der Wippschaukel schaukeln wollen.

Alle Beteiligten haben dann Hebel-Gesetzmäßigkeiten entdeckt, die Aufgabe zu lösen versucht und danach sogar Hebel'gesetze' formulieren können.

4.2.1 Nun unsere Aufgabe: Gleichgewichtsprobleme

Abb. 8

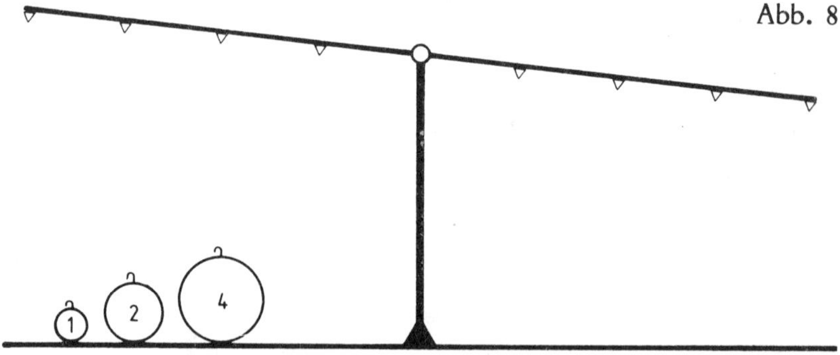

An jeden Arm der stark vereinfachten zweiarmigen Balkenwaage können an vier Punkten Gewichte angehängt werden.

Sie sollen nun mit den drei vorhandenen Gewichten - je eines mit 1, mit 2 und mit 4 Gewichts'einheiten' - so oft wie möglich an dieser Waage das Gleichgewicht herstellen, dürfen aber an jeden Aufhängepunkt nur jeweils ein Gewicht hängen.

Ehe Sie zu rechnen oder zu probieren anfangen, versuchen Sie bitte zu schätzen, wieviele Male die Waage ins Gleichgewicht gebracht werden kann:

| | | | mal.

(Auf der Seite 129 finden Sie die Lösung.)

Im Sinne unserer Untersuchung viel interessanter ist allerdings, wie Sie die Lösung angepackt haben. Selbst wenn Sie nämlich eine (Modell-)Waage zum Ausprobieren aller Lösungsmöglichkeiten zur Verfügung gehabt hätten - wichtig vor allem für diejenigen, die im Umgang mit den Hebelgesetzen nicht mehr ganz sattelfest waren: ein weit wichtigeres Hilfsmittel bei Ihrer Arbeit war gewiß eine bis in die Nähe symbolhafter Darstellungen vereinfachte Zeichnung eines Waagebalkens, auf der alle Gewicht-Zusammenstellungen notiert werden konnten, die an der Waage Gleichgewicht bedeuteten; etwa so

Wenn man nämlich versucht, diese Aufgabe ohne Notizen zu lösen, weiß man schon bald nicht mehr, was alles man schon durchge'spielt'hat und ob nicht die eine oder andere Lösung nur einfach spiegelgleich zu einer längst gefundenen ist.

Kreativ ist hier also die Art und Weise, wie Sie sich bei der Lösung geholfen haben.

Übrigens – haben Sie für Ihren Versuch etwa zehn Waagebalken gebraucht? Wären Sie nicht auch mit fünf gut zurechtgekommen?

4.2.2 "Störe meine Kreise . . ."

'Störe meine Kreise nicht!' hat angeblich ARCHIMEDES gesagt, ehe ihn ein ungebildeter und obendrein ungehorsamer römischer Soldat kurz vor einer letzten kreativen Leistung umbrachte.

Unsere Aufgabe heißt anders! Und weil Druckseiten teuer sind, stellen wir Ihnen für Ihre Arbeitsversuche nur sechs Kreise zur Verfügung. Die übrigen, die Sie wohl brauchen werden, zeichnen Sie sich bitte selbst (- z.B. um ein Fünfmarkstück herum), wenn Ihre Phantasie mit weiteren Einfällen davonzueilen beginnt. Und lassen Sie sich nicht davon verwirren, daß alle Kreise auf diesem Blatt gleich groß sind und gleichen Abstand voneinander haben: das war herstellungstechnisch am einfachsten.

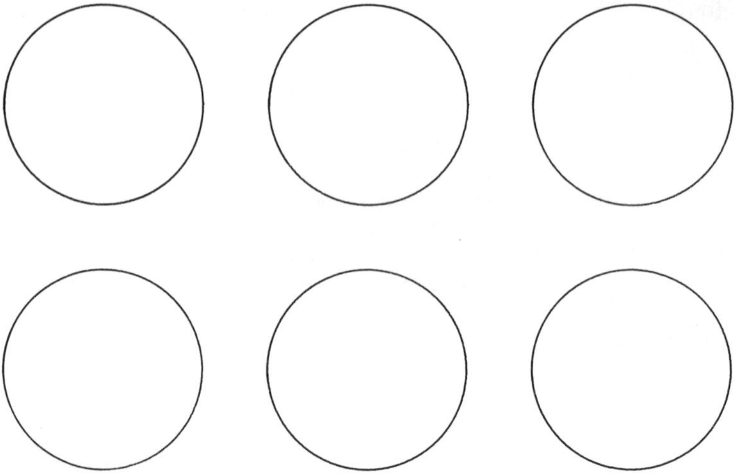

Sie sollen aus diesen Kreisen Gegenstände zeichnen, alle mit einer kreis- oder kugelförmigen Grundform, die keineswegs gleich oder annähernd gleich groß zu sein brauchen.

Erschwerende Bedingung: je weniger Sie zum vorgezeichneten Kreis noch hinzufügen müssen, um so besser! (Wenn es Ihnen also gelingt, mit nur einem einzigen Strich aus einem Kreis einen Gegenstand unverwechselbar darzustellen, sind Sie Spitze.)

Aus einem Kreis?

Ein paar Anregungen zur Arbeit mit dieser Aufgabe finden Sie auf Seite 129.

4.2.3 'Immer der Nase nach!'

'Wer in diesem Buch bis hierher planmäßig mitarbeiten konnte, hat sicherlich schon eine recht gute Nase dafür, wo überall um uns herum förderliche und interessante Aufgaben für das Kreativitätstraining zu finden sind.'

Bitte lesen Sie diesen Satz noch einmal!

Er baut sich um ein Sprachbild herum auf, das zunächst erkannt und genau analysiert werden muß, denn mit ihm ist unsere nächste Aufgabe schon deutlich angezeigt:

Sie sollen möglichst viele Redensarten (—▷ Sprachbilder) zusammenstellen, in denen die N a s e die entscheidende Rolle spielt. Und Sie sollen den Aussagewert dieser Sprachbilder näher zu erläutern versuchen bzw. ihn gegebenenfalls aus der Sprachgeschichte herleiten.

Die 'Spürnase', von der in unserem Einführungssatz die Rede ist, gehörte ursprünglich dem Hund. Was aber ist gemeint, wenn jemand 'an der Nase herumgeführt' wird? - und woher kommt diese Redensart?

Übrigens - unsere deutsche Sprache ist besonders reich an Sprachbildern. Wir verwenden allerdings solche Redensarten viel zu oft, ohne ihren tieferen Sinn noch zu kennen. Und wenn Sie etwa glauben sollten, diese Sprachbilder wären nur ein Erbteil aus der Zeit, da unsere Sprache noch die Sprache der Dichter und Denker war und heute könnte sie solche Bilder nicht mehr ausformen, dann irren Sie. Hören Sie einmal in die besondere 'Spreche' unserer Jugendlichen hinein, spüren Sie ihre Impulsivität und ihre meist verblüffende Bildhaftigkeit. Ich glaube fast, die Jugend grenzt sich mit ihren oft skurrilen, un-übersetzbaren 'Sprüchen' bewußt gegen die öde sprachliche Gleichmacherei durch die Verwendung von immer mehr gemein-gebräuchlichen Fremdwörtern ab. Das wäre mal etwas ganz besonderes: nicht die intellektuellen Wortkünstler ziehen die Sprachgrenzen, sondern die Jungen mit ihrer unbefangen-kreativen Schnoddrigkeit! – denn kreativ ist das allemal, was sie so produzieren! –

Ich habe mindestens zwanzig noch immer gebräuchliche Redensarten um die Nase herum gefunden. Ich habe sie nicht alle alleine und vor allem nicht bei flüchtigem Nachdenken und sofort gefunden!

Es gibt ganz brauchbare Sammlungen solcher Redensarten. Ihren Wert gewinnen sie vor allem daraus, daß sie dann und wann einmal nach-denklich gelesen werden.

Lassen Sie sich Zeit beim Nachsinnen, üben Sie das Hinhören – und wenn Sie wenigstens zehn Redensarten finden könnten . . .

Zur Lösung und zur Anregung:

Das Sprachbild 'an der Nase herumführen' leitet sich von den - bei uns längst verschwundenen - Bärenführern her, die ihre Tanzbären an einem Nasenring herumführten. Weil das recht schmerzhaft war, konnten sie den Tieren leicht ihren Willen aufzwingen und sie dorthin führen, wo die Bären aus eigenem Antrieb nie hingegangen wären. -

Haben Sie beim Nachdenken über Redensarten mit der Nase auch daran gedacht, daß sie nicht nur Riechorgan und Gesichts'vorsprung', sondern auch Atmungsorgan mit ganz besonderen Aufgaben ist? Deshalb gehört in unsere Reihe mit den Sprachbildern zweifellos auch, daß jemand über irgendetwas/irgendeinen 'verschnupft' (= ärgerlich) ist. Ein Schnupfen behindert und —▷verstimmt uns weit mehr, als wir im allgemeinen wahr haben wollen. Er ist tatsächlich ärgerlich.

Nicht mehr häufig wird die Redensart 'ich werde Dir etwas niesen' (= ich gehe auf Deinen Vorschlag/Deine Bitte nicht ein) gebraucht. Während das 'darauf-Spucken' eine schroffe, verächtliche Zurückweisung meint, ist das angedeutete (darauf-) Niesen eine wesentlich mildere Form der Ablehnung. Beide Formen stammen wohl noch aus der Zeit, in der man sich ohne viele Worte zu verständigen versuchte. Die Wortbilder selbst sind allerdings später entstanden.
(Sagt Ihnen Ihre Nase, wo sie noch mehr über Nasen lesen können?)

4.2.4 Milch-Überkoch-Verhütungsvorrichtung

Für diese Aufgabe sind Sie – ausnahmsweise einmal – aus der Pflicht entlassen, sich sehr sorgfältig mit einer Lösung zu beschäftigen. Alle Mit-Lernenden werden mit unbefangen-phantasievollen Lösungen ohnehin weit besser sein als Sie.

Also:

> *Erfinde eine Milch-Überkoch-Verhütungsvorrichtung, die wirklich funktionieren könnte.*
> *Dazu dürfen alle bekannten Bauteile verwendet werden. Wer will, kann auch neue Bauteile erfinden; aber sie müssen so gezeichnet werden, daß man erkennen kann, was sie leisten, wie sie funktionieren sollen.*

Vielleicht stellen Sie diese Aufgabe Lernenden verschiedener Altersgruppen und beobachten, wie sich die Entwürfe verändern; etwa
- von der 'blühenden' Phantasie bei den ganz Jungen
- zu weit weniger phantasievoller 'konstruktiver Richtigkeit' dort, wo die Aufgabe möglicherweise sogar ernst genommen wird. – Vergleiche sind aufschlußreich!

Und den Versuch, ein solches Gerät wirklich funktionsrichtig zu bauen, überprüft man, indem man sich von den Milch-Überkoch-Verhütungsvorrichtungs-Konstrukteuren ihren Entwurf sorgfältig beschreiben läßt (—▷ Sprache am erdacht-konkreten Gegenstand elaborieren!).
Diese Aufgabe und die (hoffentlich) vielen lustigen Lösungen, die sie geradezu provoziert, geben einen guten Anlaß, einmal über Humor zu reden.

4.2.5 (Exkurs:) Über Humor (– und Kreativität)

Humor ist die äußerste Freiheit des Geistes;
Humor ist immer souverän.
L. BÖRNE

Wir nennen KARL VALENTIN, den großen Humoristen, ein 'Original', weil er so oft wie möglich versucht hat, un-konventionell zu denken und zu handeln; – und wir übersetzen 'konventionell' dabei mit 'förmlich'.
Die Dinge und Erscheinungen unseres Alltags sind fast alle 'förmlich', in ihrem Äußeren und in ihren Funktionen sehr genau bestimmt, – Realitäten. Sie sind ernst. Und wir sind gehalten, sie ernst zu nehmen.
Kreativen Menschen fällt das oft schwer. Ihnen eröffnen sich (An-)Sichten, aus denen man diese Realitäten gar nicht ernst nehmen kann. Als ich noch Soldat war und wir eines Tages von unserem Einheitsführer fürchterlich zusammengeschrieen wurden – zu unrecht übrigens –, wunderte ich mich, daß mein Nebenmann offenbar mit seinen Tränen zu kämpfen hatte. Ich fragte ihn später: "Hat Dich diese Standpauke so mitgenommen?" Er grinste, aber er hatte schon wieder Tränen in den Augen. "Nein!" sagte er, "aber ich stelle mir bei solcher Gelegenheit einen Dienstvorgesetzten immer in – Unterhosen vor!"
Bedenken Sie bitte: in Militär-Unterhosen!

Auch einem Dienstvorgesetzten kann man aus einer 'anderen' Sicht begegnen!

Humoristen haben die besondere Fähigkeit, All-Tägliches anders zu sehen: originell.
Es gehört (auch) zur Kreativität, originell zu sein. Im Wörterbuch finden wir unter "originell" sowohl "schöpferisch" als auch "gelegentlich komisch". Das Komische ist also wohl eine besondere Form des Originell-Schöpferischen.
Kreative Menschen sind nur selten Komiker. Aber sie haben fast immer einen tiefen Sinn fürs Komische in einer besonderen Situation; sie haben Humor.

Haben Sie Humor?
Sie wissen es noch nicht? Sie finden viele eigene und die Äußerungen Anderer einfach albern? – Dann sind Sie entweder noch ziemlich weit vom Humor entfernt – oder Sie verwenden "albern" richtiger, als es von Vielen verwendet wird, auch von bedeutenden Schriftstellern. So steht 'albern' oft für 'töricht' und 'dumm'. Aber 'albern' hat eine wechselvolle Vergangenheit. Und wenn es mit 'kindisch' und 'närrisch' gleichbedeutend verwendet wird, dann scheint mir das angemessen. Kinder und Narren aber – Sie erinnern sich – sagen die Wahrheit: die Kinder einfältiger (d.i. einfacher) als wir Erwachsenen und die Narren hintergründig-verstellt und komisch.

Wenn Sie sich selbst gelegentlich albern finden, so könnte Sie das ehren. Sie sind dann jedenfalls selbstkritisch. Und das gehört dazu: die ganz großen Humoristen haben (fast) alles und – natürlich – auch sich selbst auf den Arm genommen!
Üben Sie ihren Humor!

Übrigens:
Die Münchner nennen den großen Humoristen K. VALENTIN ein "Münchner Original". Das ist sicher nicht richtig. Seine Absonderlichkeiten und seine Schnurrereien passen auch in jede andere Landschaft. Als eine Münchner Spezialität halte ich Weißwurst für viel 'originaler'. Aber: Originalität hat nicht in jedem Falle etwas mit Qualität zu tun. Man muß Weißwurst nicht unbedingt mögen!

Wenn sich die Münchener nun über diese hintersinnigen Bemerkungen ärgern sollten, dann fehlt ihnen vielleicht das, was das "Original" K. VALENTIN so ausgezeichnet hat: Humor.

4.2.6 Ambiguitätstoleranz oder einfach: Von der Geduld

"Geduld ist eine Tugend des Indianers und bringt einem christlichen Weißen keine Schande..."
nicht KARL MAY, sondern J.F. COOPER

Sie kennen den Unterschied zwischen dem (Auswendig-)Lernen und dem Erwerben produktiver Lernstrategien, also dem Ringen um immer wieder neue, angemessene Zugriffsformen auf die Lerngegenstände. Wenn allenthalben noch immer mit wenig effektiven Lernformen gearbeitet wird, dann (auch) deswegen, weil der Strukturkern fortschrittlicher Lernformen, der kreative Prozeß, so wenig durchsichtig gemacht werden kann.
Ist das wirklich so?
Sie müssen im Zusammenhang mit diesem kreativen Prozeß etwas über Ambiguitätstoleranz erfahren. Es ist – kurz –

die Fähigkeit, eine Zeitlang eine gewisse Unsicherheit über den Fortgang der Dinge und über den Ausgang der Unternehmung zu ertragen.

Ambiguitätstoleranz (At) ist fast immer Voraussetzung für erfolgreiches Arbeiten im kreativen Prozeß, besonders wenn es mit ihm ein wenig länger dauert.
Etwas Vergleichbares wie diese At sollte auch der Lehrer aufbringen, wenn er jemanden zu kreativem Verhalten/Vorgehen ermutigen will. Aber was hat das mit der Durchsichtigkeit des kreativen Prozesses zu tun? Nun – sie entdeckt sich dem Lehrenden in einem Lehr- bzw. Lernvorgang nur selten einmal ganz unmittelbar. Natürlich schaffen auch Lernende die 'spontan' anmutende, kreativ —▷'geniale' Leistung, eine 'Erfindung' (s.d.), ein Kunstwerk. Aber das gelingt selten. Und es ist keineswegs das, was wir mit dieser "Schule der Kreativität" ansteuern: ein allgemein-verbessertes kreatives Verhalten bei möglichst vielen Menschen. Das aber entwickelt sich fast ausschließlich in einem vorsichtig(!) geförderten und damit langwierigen Prozeß, in einem Prozeß, für den man viel Geduld braucht, in dem über lange Zeit Erfolge kaum sichtbar werden und auch oft nur enttäuschend gering erscheinen, in dem vieles ganz offenbar erfolglos bleibt.
Sie werden als Lehrende die Spannung zwischen dem, was Sie erhoffen und dem, was ganz langsam heranreift und (vielleicht!) irgendwann einmal erkennbar wird, lange ertragen müssen!

Wir nennen dieses Warten-Können "Geduld". Wir dürfen es Ambiguitätstoleranz nennen, wenn Sie auch Ihr Bemühen um die Kreativität der Lernenden als einen kreativen Prozeß verstehen (—▷'kreative Schüler brauchen kreative Lehrer').

Gibt es einen Unterschied zwischen Geduld und At?
Natürlich, und wir müssen nun den Begriff "Ambiguitätstoleranz" genauer bestimmen.
Sie wissen inzwischen, daß wir keine Freunde von Fremdwörtern sind; At müssen wir Ihnen als 'Leih'begriff trotzdem zumuten. Er läßt sich nicht ins Deutsche übersetzen, schon gar nicht mit einer knappen Wortbildung. Er läßt sich sogar nur ziemlich umständlich beschreiben.

> *Ambiguitätstoleranz braucht man, um eine un'bestimmte', unübersichtliche, (ungelöst)-problematische Lage (längere Zeit) auszuhalten und dabei an ihrer Lösung zu arbeiten.*

Der zweite Teil des Satzes ist besonders wichtig. – Geduldig ist man auch, wenn man nur tatenlos auf eine Lösung 'von außen her' wartet und sich dazu entschließt, nichts zu tun, um nichts Falsches zu tun, wenn man nicht 'die Nerven hat', sich für einen von mehreren Lösungswegen zu entscheiden, weil sie alle nicht sonderlich erfolgversprechend wirken. Eben:

Unsicherheit aushalten können!
- Auch die Unsicherheit, daß unsere "Schule der Kreativität" letztlich doch nicht viel bewirken könnte, – und unbeirrt weiterarbeiten,
- selbst wenn der gerade zuvor gewählte Weg sich tatsächlich als ungangbar herausstellen sollte.

Das ist die Haltung des Kreativen. Er spürt die Unsicherheit, aber sie fordert ihn. Er stellt sich ihr, und sie beflügelt ihn.

Sie können aus dem, was eben gesagt worden ist, nun auch leicht n i c h t-ausreichende At bestimmen. Es ist nicht Verzagtheit von vornherein, zurückschrecken vor dem Problem-Berg, der sich da aufbaut. Sie zeigt sich erst in der Auseinandersetzung mit dem Problem selbst: als Flucht ins Herkömmliche, als die Suche nach der 'Sicherheit der Formel' u.ä..

At kann und muß(!) geübt werden. Indem man Unsicherheit in g e s p a n n t e Unsicherheit verwandelt und indem man den Lernenden wissen läßt, daß es für seine Aufgabe j e d e n f a l l s eine Lösung gibt (– er wird später noch oft genug auf Probleme stoßen, die sich nicht lösen lassen!).

Prüfen Sie sich selbst und Ihre At – schnell zwischendurch – an der Aufgabe "Drehsinn" (4.3.2). Sie wissen ziemlich sicher, daß es für diese Aufgabe eine Lösung gibt, aber Sie wissen nicht so recht, in welcher Richtung Sie suchen sollen...

Zunächst aber noch etwas über

4.3.1 Zusammenhänge

Sie haben Augen und sehen nicht,
sie haben Ohren und hören nicht!
Psalm 115

Das kann durchaus mit einem Abwehrmechanismus zusammenhängen, der uns vor einer Reiz- bzw. Informations-Überflutung schützen soll, damit unser ('Computer'-)Gehirn nicht überlastet wird. Unsere Sinnesorgane treiben eine nützliche Reiz-Vor-Auswahl!

Es kann aber auch daran liegen, daß wir nicht genau genug hinzusehen und hinzuhören gelernt haben.

Sie bemerken den Unterschied, den der Psalmist vielleicht noch

nicht so deutlich zu zeigen brauchte, weil in seiner Welt – damals – von einer Reizüberflutung noch nicht die Rede sein konnte.
Mitunter gestatten wir es unserem Gedächtnis sogar, Gelesenes, also 'Gezielt-Gesehenes', wieder aus dem Bewußt-Sein zu verdrängen, ins Unter-Bewußtsein vielleicht, weil wir nicht einsehen (können), daß es wichtig ist. Mitunter entdecken wir das Verdrängte dann eines Tages wieder, in oft merkwürdigen Zusammenhängen. – –
Unsere österreichischen Nachbarn färben die Mittellinie auf ihren Straßen – durchlaufend oder durchbrochen – gelb. Haben Sie sich schon einmal ernsthaft Gedanken darüber gemacht, warum sie das tun? In einem anderen Nachbarland ist die Mittellinie weiß – wie bei uns ... Die rechte Begrenzungslinie hingegen ist – gelb. Und jedesmal, wenn Sie den Blinker an Ihrem Auto spielen lassen, weil Sie hinter dieser Linie kurz anhalten wollen, werden Sie von Fahrzeugen der Eingeborenen, entgegenkommenden und hinterherfahrenden, heftig mit der Lichthupe beschossen. Deutlich können Sie sehen, daß die Fahrer, wenn sie langsam genug vorbeifahren, vorwurfsvoll den Kopf schütteln. – Warum?
Schließlich sind Sie völlig irritiert, wenn Sie ein paar hundert Meter weiter am rechten Fahrbahnrand nun doch halten, ohne daß irgend jemand auch nur Notiz davon nimmt. Eine kleine Weile später fällt Ihnen vielleicht auf, daß Ihr Wagen hinter einer w e i ß e n Begrenzungslinie steht.
Im gleichen Augenblick haben Sie eine wichtige Verkehrsregel entdeckt:

bei diesem Nachbarn bedeutete eine gelbe Linie am Straßenrand "Halteverbot". Und Sie erinnern sich: irgendwann irgendwo haben Sie über diese Regel schon etwas gelesen! Jetzt haben Sie diese Regel w i e d e r entdeckt.

Also:
Wir sehen etwas und registrieren es flüchtig als 'Kuriosum': die gelbe Fahrbahn-Mittellinie in Österreich.
Wir sehen etwas Vergleichbares (– die gelbe Linie bei nordischen Nachbarn) und reagieren doppel'sinnig': entweder unbefangen, so, als sei die Farbe der Linie bedeutungslos, oder unsicher-hilflos, wenn wir angestoßen (→ angeblinkt) werden. In unserer Verwirrtheit über-sehen wir dabei sogar eine wichtige Veränderung: daß die Begrenzungslinie irgendwann einmal wieder weiß wird!

Und:
Viele Entdeckungen, die wir machen, sind lediglich Wieder-Entdeckungen. Unsere Sprache gestattet uns diese Begriffsauswei-

tung. Denn tatsächlich wird ja beim Wieder-Entdecken auch etwas ent-deckt: die Decke über dem Verdrängten wird (ab-)gehoben, weggezogen.
Das wertet diese Form des Entdeckens als Denkleistung nicht ab. Vielleicht hätte schon das Anstoßen (—▷Anblinken) genügen müssen, um den Wiederaufruf-Prozeß in Gang zu setzen. In der Irritation, die es ausgelöst hat, sieht man dann wohl genauer hin (—▷auf die nun weiße Begrenzungslinie), – da fällt dann der Groschen.

Komplizierte Zusammenhänge!
Erinnern Sie sich bitte recht oft an das, was Sie eben gelesen haben. Vor vielen schwierigen Aufgaben und besonders vor bedrängenden Problemen geraten wir leicht in ähnliche 'Zustände'.

4.3.2 Wir haben sechs 'technische' Aufgaben für dieses Buch ausgewählt (– eine kennen Sie schon aus der Einführung), nur sechs, obwohl der Bereich des Technischen von geeigneten Aufgaben zum Kreativitäts-Training geradezu überläuft. Aber große Teile unserer Gesellschaft sind mit dem Technischen so wenig vertraut, daß selbst verhältnismäßig einfache Aufgaben für sie zu echten Problemen werden können.
In der Aufgabe "Drehrichtung/-sinn" steckt ganz sicher kein Problem. Es gehört lediglich ein bißchen Kreativität dazu, ohne jeden weiteren Hinweis aus dem Vergleich von zehn Abbildungen mehrgliedriger Reibrädergetriebe eine

Regel zum Drehsinn bzw. zur Drehrichtung (zwei Namen für den gleichen Sachverhalt!) bei Getrieben zu entwickeln und vielleicht sogar noch eine zweite Regel (mit-)zuentdecken. ——————————▷

Für ganz 'untechnische' Leser:
Helfen die Begriffe "gleichsinnig" und "gegensinnig"? – Richtig! Sie sind schon im Einführungskapitel zu diesem Buche aufgetaucht. Hier in dieser Aufgabe werden sie besonders wichtig – und hilfreich!

Ehe Sie weiterlesen, versuchen Sie nun bitte die Lösung.
Wenn Sie mit der Lösung nicht fertig werden, schauen Sie nicht sofort hinten nach, sondern lesen Sie noch ein paar Zeilen:
Haben Sie den deutlichen Fingerzeig in der Vorrede (—▷"Zusammenhänge") verstanden und genau hingesehen? Auf die kleinen Pfeile z.B., die in jeweils einem Rädchen in jedem Getriebe die Drehrichtung anzeigen. Das ist ein 'Schlüssel' für die

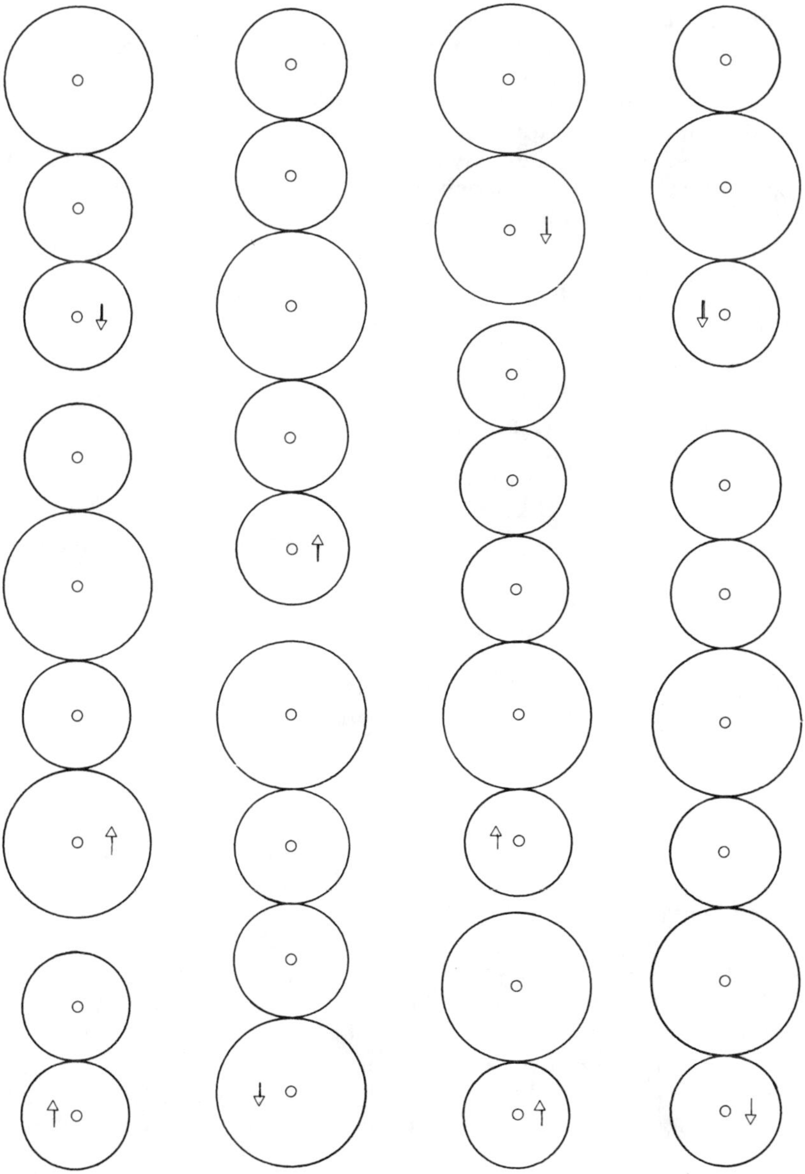

Abb. 9

Aufgabenlösung. (In technischen Aufgaben sind solche Schlüsselhinweise oft sichtbar. In vielen anderen Aufgaben muß man auf das hinhören, was der Text der Aufgabe sagt.)
Wenn Sie die Lösung bisher noch nicht gefunden hatten: konnte Ihnen der 'Schlüsselhinweis' helfen?
Noch eine vorsichtige Bemerkung: Mit den großen und kleinen Rädern in unseren Getrieben wollen wir Sie lediglich verwirren! Man kann ein solches Verwirrspiel noch viel weiter treiben: noch kleinere und/oder noch größere Räder einfügen, die Räder anders anordnen: übereinander/untereinander und nicht nur nebeneinander... Durch solche 'Mätzchen' wird eine Aufgabe oft sehr viel schwieriger.
Jetzt wollen wir Ihnen nicht mehr weiter helfen. Nun müßten Sie also (ggf.) die Lösung hinten nachschlagen.

Sie haben es sicher bemerkt: bei dieser Aufgabe mußten Sie nicht nur aus (einigen) bezeichnenden Beispielen eine Regel ableiten und dann ggf. in anderen Beispielen wieder anwenden, – sondern Sie mußten aus dem angebotenen Material die Fakten erst herauslösen, mit denen Sie so etwas wie eine Regelbildung überhaupt versuchen konnten.

Die Richtungspfeile sind Ihnen aufgefallen, aber Sie konnten (zunächst) nicht wissen, ob sie Ihnen bei der Regelbestimmung nützen würden. Trotzdem hat sie Ihr 'schweifendes' (divergentes) Denken 'wahr'genommen. Daß die Richtungspfeile in unterschiedliche Richtungen zeigen, hat Sie stutzig gemacht. Aber vielleicht hat Ihnen eben das beim Zusammensuchen der regel-begründenden Fakten geholfen.
Über die großen und die kleinen Räder mußten Sie nachdenken. Sie sind auffällig. Aber hatten sie etwas mit den nachgefragten Regeln zu tun? – mit der ersten? – mit der zweiten?
Haben Sie in der Anordnung der Getriebe-Abbildungen zu Zweier- und Dreiergruppen in den einzelnen Zeilen eine Absicht vermutet? – Dann war das falsch! Sie sind nur deswegen so und nicht anders zusammengestellt, weil sie in dieser Anordnung am besten quer auf unsere Druckseite paßten. (Sie meinen, der Wechsel 3-2-3-2 in den Zeilen 1 - 4 sei auffällig? Versuchen Sie bitte einmal, diese vier Zeilen 'a-rhythmisch' zusammenzustellen!)

Warum unterscheiden wir eigentlich zwischen dem Entwickeln (– der ersten Regel) und dem Entdecken bei der Regel mit den unterschiedlich großen Rädern (– bei der zweiten Regel)?
Weil Ihnen für den Weg zur Lösung der ersten Regel einige Hinweise gegeben worden sind, die den Inhalt der Regel/das Ziel der Aufgabe vorbestimmt haben (—▷ mindestens die Richtungspfeile, die Begriffe "Drehsinn", "Drehrichtung" und ggf.

der Hinweis auf eine ähnliche Aufgabe im Einführungskapitel). Das ist so, als ob Sie die (verpackte) Lösung der Aufgabe schon in der Hand hielten – nur noch ein bißchen eingewickelt.
Für die zweite Regel mußte ein ganz anderer Zusammenhang ent'deckt' werden. Ja, Sie können auf diese Regel sogar erst stoßen, wenn Sie die erste Regel 'sicher' haben. Ein Ziel für diesen Entdeckens-Vorgang ließ sich nicht bestimmen!
Wir nennen so etwas eine 'spontane Entdeckung'.

(Wenn Sie selbst auf die Lösung gekommen sind:)
Wie sind Sie bei der Suche vorgegangen? Haben Sie in das Rad n e b e n dem Antriebsrad (= dem Rad mit dem Pfeil) auch einen Drehrichtungspfeil gezeichnet? – dann auch ins nächste usw.? – Da waren Sie recht kreativ!
Haben Sie neben jedes Getriebe die Anzahl der Getriebeglieder/der Räder geschrieben –
und dann die Zahlen am Blattrand geordnet: gerade - ungerade? – Wieder eine gute Leistung!
Weil diese Aufgabe zum Einsatz solcher Hilfen geradezu auffordert, ist sie uns so wichtig.

Bisher haben wir die Aufgaben aus den einzelnen Themenkreisen sorgfältig durcheinandergemischt. Nach dieser 'technischen' Aufgabe hätte nun eine 'freie' oder eine Sprachaufgabe folgen müssen; oder – endlich – eine mathematische. Stattdessen sollen Sie sich noch einmal mit der Getriebelehre beschäftigen. Wir wollen Sie nämlich einem ganz wichtigen Phänomen auf die Spur setzen, mit dem fast alle Problemlöser ihre liebe Not haben.
Da Sie das nun wissen, ist die nächste Aufgabe vielleicht doch nicht ganz unfair.

4.3.3 Vielleicht werden Sie beim Durchlesen der Aufgabe an das Getriebe-Beispiel aus dem Einführungskapitel erinnert. Unfair allerdings wäre es, wenn wir Sie jetzt a u s d r ü c k l i c h oder gar n a c h d r ü c k l i c h auf dieses Beispiel oder seine Lösungs-Einzelheiten hinweisen würden. 'Zusammenhänge' können bei der Lösung dieser Aufgabe eigentlich nur störend wirken.
Also formulieren wir so vorsichtig wie möglich:

a.) – die leichtere Aufgabe ('Spezialisten' versuchen sich vielleicht gleich an Aufgabe b.))

1. Stellen Sie fest, wie sich im abgebildeten Kettengetriebe das Abtriebsrad B dreht.

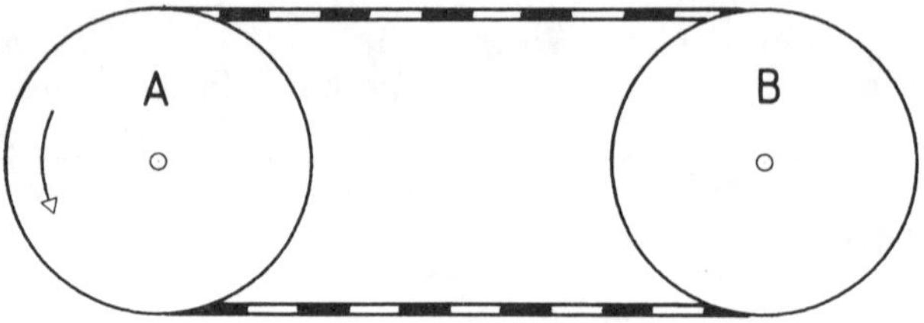

Abb. 10 Kette

Leider kann aus technischen Gründen die Drehrichtung am Antrieb (A) nicht umgekehrt werden. Für einen Fertigungsvorgang wird aber eine gegensinnige (= rechtswendige) Drehbewegung gebraucht.

2. Wie muß das Getriebe umgebaut/erweitert o.ä. werden, damit eine gegensinnige Drehbewegung entsteht?

Dabei müssen Sie beachten, daß Ketten nicht überkreuz geführt werden können (s.o. – und so ist unser Beispiel aus der Einführung doch wieder ins Spiel gekommen!).

b.) – die schwierigere Aufgabe

1. Stellen Sie fest, wie sich am abgebildeten Zahnriemengetriebe das Abtriebsrad B dreht.

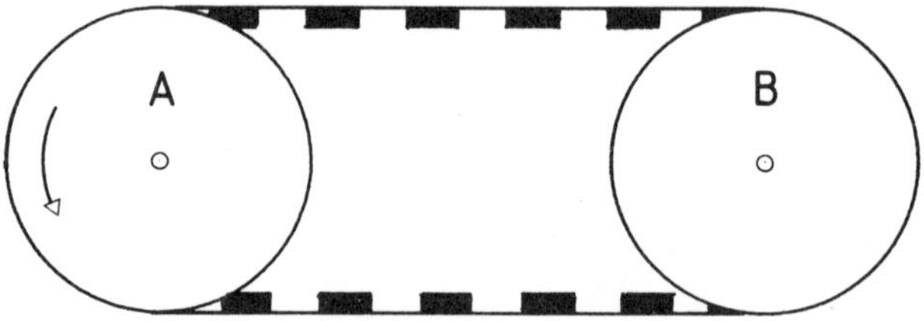

Zahnriemen, einseitig Abb. 11

Leider kann – aus technischen Gründen – die Drehrichtung am Antrieb (A) nicht umgekehrt werden. Für einen Fertigungsvorgang wird aber eine gegensinnige (= rechtswendige) Drehbewegung gebraucht.

2. Wie muß das Getriebe umgebaut/erweitert o.ä. werden, damit eine gegensinnige Drehbewegung entsteht?

> Dabei müssen Sie beachten, daß auch Zahnriemen nicht überkreuz geführt werden können (s.o.).

Am besten wäre es, wenn Sie sich für die Lösung dieser Aufgabe ein (Funktions-)Modell aus Bauteilen eines technischen Baukastens fertigen könnten. Die wirk-liche Bewegung, der sichtbare Bewegungs-Fluß helfen bei der Vorstellung einer konstruktiven Lösung.
Wir können Ihnen nur mit unserer Zeichnung helfen und – wenn sich die rettende Idee gar nicht einstellen will – mit einem letzten Hinweis:

> Vielleicht sollten Sie nicht, wie bei 1. gefordert, nur die Bewegungsrichtung am Abtriebsrad feststellen! Bei diesen Getrieben bewegt sich ja auch noch etwas anderes!

(Ein Lösungsvorschlag steht auf S. 130.)

Wir haben Sie mit der Nachschrift zur vorstehenden Aufgabe und einigen anderen Bemerkungen vor einer 'unfairen' Aufgabenstellung gewarnt. Hoffentlich ist es Ihnen gelungen, so wenig wie möglich an die Erfahrung und an das 'Gewußte' aus unserem Beispiel im Einführungskapitel zu denken. Sonst sind Sie bei der Lösung dieser neuen Aufgabe durch ein Phänomen behindert worden, das wir Festlegung ('Fixierung'), auch: Einstellung nennen wollen. Es ist mehr als das Übertragen von Einsichten, das (kritische) Anwenden von einmal Gelerntem:

4.3.4 (Exkurs:) Einstellung/Festlegung (Fixierung)

Festlegungen/Einstellungen bilden sich,

- wenn ein und derselbe Denkvorgang sich ständig wiederholt: Auskuppeln - Gang einlegen - Gasgeben und Einkuppeln, in sorgfältig aufeinander abgestimmter Reihenfolge (– und dann sitzt man plötzlich in einem Wagen mit automatischem Getriebe; alles ist ganz anders; das fällt vor allem dann auf, wenn man in eine brenzlige Lage gerät, denn dann bricht (zumeist) die alte 'Festlegung/Einstellung' wieder gefährlich durch); und
- wenn man sich in einen Denkvorgang, z.B. in eine Problemlösung ganz besonders vertieft, wenn man hart um sie gerungen hat und sie und den Weg zu ihr für eine eindrucksvolle Leistung halten darf. Weg und Lösung wirken dann oft so beispielhaft, daß sie Lösungen, die ganz ähnlich abzulaufen

scheinen, sozusagen 'vorstrukturieren' (– in unserem Beispiel: es scheint so, als könnte die geniale Überkreuz-Führung des Zugmittels (—▷Einführungskapitel) a l l e Probleme der Bewegungsumkehrung bei diesen Getriebe-Bauformen lösen).

Psychologen haben das Phänomen "Festlegung/Einstellung" sorgfältig untersucht. Sie haben dabei Verblüffendes über seine Wirkung erfahren. Für uns und unsere Arbeit gilt: wir sollten es möglichst gar nicht zu solchen Festlegungen/Einstellungen kommen lassen, also häufige Wiederholungen in kurzen Abständen tunlichst vermeiden und nach besonders anspruchsvollen, also einprägsamen Problemlösungen das Thema wechseln!

Damit wir uns recht verstehen: Denk- bzw. Handlungsschemata (als 'Festlegungen') sind nicht grundsätzlich schlecht oder gar gefährlich. Es wäre traurig, wenn wir jedesmal in einem längerdauernden Denkprozeß feststellen müßten, ob eine Schraube links- oder rechtsherum losgeschraubt oder wie die Zehner-Überschreitung beim Abziehen verrechnet werden muß. In Problemlösungsvorgängen, in denen es vor allem auf die Freiheit des Gedankenflugs ankommt, ist eine solche 'Fest'legung aber meist vom Übel.
Und was hat das alles mit der zuvorstehenden Aufgabe "Drehsinn/Drehrichtung" zu tun?

Sie ist ein gutes Beispiel für das Einschleifen von Prinziplösungen durch häufiges Wiederholen der Lösüngs-Einzelheiten. Außerdem – da es sich bei beiden Lösungen um Getriebe-Probleme handelt, wäre es immerhin denkbar, daß Lösungs-Einzelheiten übertragen (—▷'transferiert') werden können (?).

'Verwandtschaftliche Nähe' erleichtert eine Aufgabenlösung nicht immer! (Tatsächlich sind die einzelnen Getriebebauarten gar nicht so nahe miteinander verwandt, wie z.B. ein einfacher Hebel (s.a. die Spielerei mit dem Gleichgewicht; S. 74) mit einem Rad, das man auch als einen 360°-Hebel verstehen kann.) Und über den Transfer, das Übertragen von Lösungs-Einzelheiten, werden wir uns noch gründlich unterhalten müssen.

4.3.5 Bei der nächsten Aufgabe "Drachensteigen" geht es diesmal nicht um die Technik, also nicht um die Frage, warum ein Drachen überhaupt und unter welchen besonderen Bedingungen er gut oder weniger gut oder gar nicht in der Luft steht. Denn das hängt nicht nur von der Drachenleine ab!

4.3.5 Drachensteigen

Abb. 12

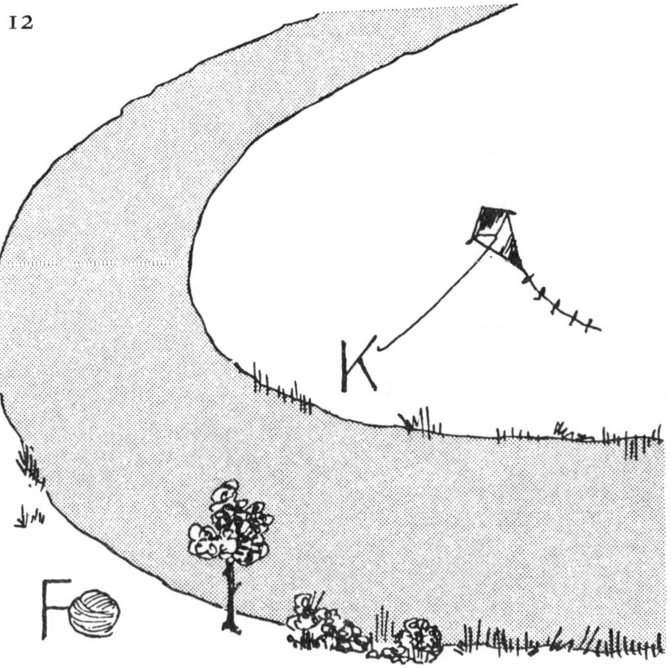

Es ist Drachensteige-Zeit.
Karl sitzt an der großen Flußschleife und läßt seinen Drachen steigen. Aber er hat nur eine ganz kurze Leine gefunden, und so zappelt sein Drachen niedrig über der Wiese hin und her, statt hoch oben im starken und stetigen Wind zu segeln.
Fritz taucht am gegenüberliegenden Flußufer auf. Er bringt eine Riesenrolle Drachenschnur. Aber er kann nicht über den Fluß: Vater ist mit dem Boot losgefahren, das die Jungen sonst benutzen; er muß nach den Aalreusen sehen.
Schwimmen? – Der Fluß ist viel zu kalt.
Die Schnurrolle hinüberwerfen? – Dazu ist der Fluß zu breit.
Die Jungen überlegen. – Einer von ihnen hat einen Einfall ...

Haben Sie auch einen Vorschlag, wie die Drachenleine zu Karl hinüber kommen könnte?

4.3.6 Bilder ordnen (Begriffe und Oberbegriffe)

Abb. 13

Versuchen Sie, Beziehungen unter den abgebildeten Gegenständen bzw. Lebewesen herzustellen. Es müssen sich immer mindestens drei Bilder unter einen Gesichtspunkt ordnen lassen.

Das ist eine Aufgabe, die Sie auch jüngeren Lernenden stellen können. Es ist zwar keine – im engeren Sinne – sprachliche Aufgabe, Beziehungen zwischen den Bildern, den Lebewesen und Gegenständen herauszufinden, die so aussehen, als hätten sie gar nichts oder nur ganz wenig miteinander zu tun, aber wenn sie unter Oberbegriffe geordnet oder wenn für die Darstellung der Beziehungen knappste sprachliche Formen gefunden werden sollen, ist immer auch das Sprachgefühl des Bearbeiters gefordert.
(Vergleichen Sie Ihre Lösungen mit den Lösungsbeispielen auf S. 131.)

Haben Sie nun soeben an einer Problemlösung gearbeitet? Ganz zweiffellos nicht! Es gehört zwar ein bißchen Kreativität dazu, Beziehungen herauszuspüren, die zwischen diesen so unterschiedlichen Bildern hergestellt werden können, aber kein Lebewesen und kein Gegenstand, kein Begriff wird dabei aus seinem Beziehungs-Zusammenhang herausgelöst, wie das oft für Problemlösungen notwendig ist. Als Bearbeiter kennen Sie sowohl Ihr Ziel als auch den Weg dorthin!

Apropos Kreativität:
Haben Sie sich, hat sich einer der Lernenden bei der Lösung der Aufgabe etwa dadurch geholfen, daß er vor dem Zusammenordnen die Bilder numeriert oder mit Kennbuchstaben/-zeichen versehen hat? – Das wäre schon eine ganz beachtliche kreative Leistung gewesen!

Sie sollten in dieser Aufgabe mit Wörtern (—▷Begriffen) und Oberbegriffen arbeiten, mit den Bausteinen unserer Sprache.

Aber wir sprechen nicht 'in Wörtern' sondern in Sätzen, also in Wort-Zusammenhängen, Wortsystemen; – jedenfalls dann, wenn wir uns "gepflegter" Sprache bedienen. (Als Befehl genügt oft tatsächlich ein Wort, z.B. "Hinlegen!" oder "Schnauze!" – was nicht bedeutet, daß man jemanden an'schnauzen' soll.)
Mit jedem Wort aber, das wir einem ganz einfachen Satz ("Der Mond scheint.") anfügen, wird dieser Satz vielschichtiger. Es wird schwieriger, seinen Sinn ganz zu erfassen*. Für dieses 'hinter-den-Sinn-kommen' (beim Lesen) oder dafür, daß wir einen Sinn vollständig und richtig ausdrücken können (beim Sprechen und beim Schreiben), verwenden wir das Fremdwort "elaborieren" = ausarbeiten/durcharbeiten (bei 4.1.7 und im Glossar).
Beim Bilderordnen sollten Sie Wörter/Begriffe bis zur letzten formalen oder funktionalen Ausdeutbarkeit hin durcharbeiten. Wenn allerdings in einem Satz oder in ganzen Satzfolgen systemische Zusammenhänge erfaßt werden sollen, wird dieses 'Elaborieren' sehr viel anspruchsvoller. Dabei helfen uns das Wissen über semantische (– die Wortbedeutung betreffende) und/oder syntaktische (– das Satzgefüge erhellende) Einzelheiten/Regeln und bestimmte Fertigkeiten nicht sehr viel weiter: Viele Menschen wissen gar nicht, ob sie 'richtig' sprechen, aber sie merken genau, wenn sie sich beim Sprechen 'vertun' – und nicht nur an den entsetzten Gesichtern ihrer Zuhörer. Sie sind (sprach-)sensibel.

(Aufgaben, die diese sprachliche Sensibilität fördern sollen, finden Sie auch unter den Überschriften "Federball", "Rattenfänger 19.." und "Drehbuch-Problem".)

* Wenn ein Satz mehr als 11 (evtl. 13) Wörter enthält, können sich viele Menschen schon nicht mehr an seinen Anfang erinnern.

4·3·7 K. DUNCKER*, einer der Altmeister der Gestaltpsychologie, hat das in der Abb. 15 vorgestellte (echte!) Problem beschrieben. In unserer Aufgabenreihe steht es (auch) als Beispiel für das E n t s t e h e n einer problematischen Situation.

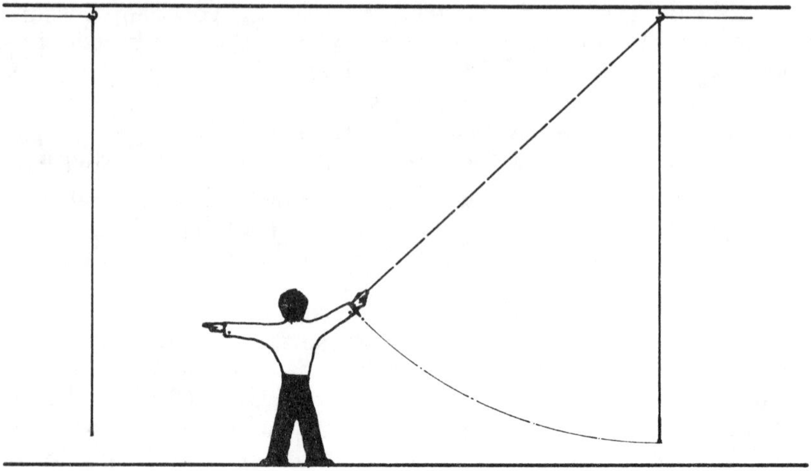

Abb. 14

Die beiden frei von der Decke herabhängenden Enden einer Leitung sollen vom Handwerker miteinander verbunden werden. Gestern stand noch eine Leiter herum, auf der der Mann hätte nach oben steigen und dort leicht das zweite Leitungsende greifen können. Die Leiter ist heute nicht mehr aufzufinden.
Der Handwerker sieht bei seinem Werkzeug nach. In seinem Werkzeugkasten findet sich allerlei Kleinwerkzeug — Hammer, Zange, Schraubendreher, Spannungsprüfer usw. — aber nichts, womit er 'sein' Ende der Leitung verlängern könnte.
Wie schafft er es, die beiden Leitungsenden doch zusammenzuschließen?

Die Zeichnung enthält für jemanden, der genau hinzusehen gelernt hat, schon eine kleine Lösungshilfe. Und es lohnt sich auch, den Text sorgfältig und ganz unbefangen durchzulesen.

(Die Lösung finden Sie auf der S. 132.)

* DUNCKER, K.: Zur Psychologie des produktiven Denkens; 1935 (!)

4.3.8 Kipphebel*

Die Funktion des Kipphebels in unserer Aufgabe ist durchsichtig:
Drückt man bei ▽ auf die Taste, bewegt sich das untere Ende der gesamten Konstruktion in Pfeilrichtung.
Drehpunkt ist der kleine Kreis oben links.
Der Kipphebel ist als 'Dreieck' solide konstruiert (—▷Das Dreieck ist die einfachste formstabile/'statische' Konstruktion). Aber solche Dreieckskonstruktionen sind herstellungstechnisch aufwendig. Man braucht eine Menge Material und im allgemeinen vier Schweißpunkte.

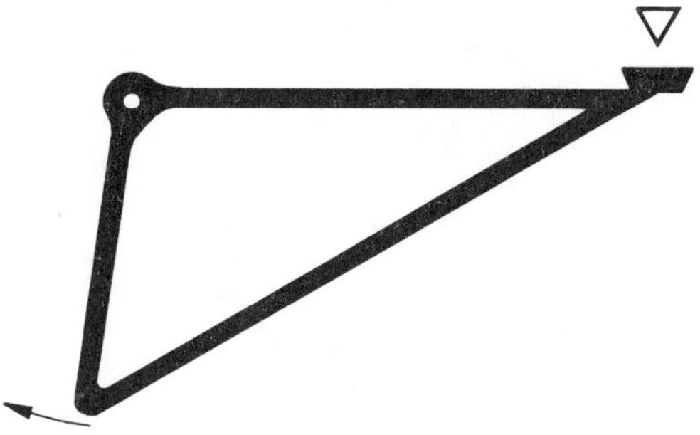

Abb. 15

Unsere Aufgabe soll lauten:

> *Entwickeln Sie einen Kipphebel, der die gleiche Funktion bei weniger Material- und Herstellungsaufwand erfüllt (erste Lösungsstufe), der aber*
> *der konstruktiven Festigkeit der oben abgebildeten Konstruktion möglichst nahe kommt (zweite Lösungsstufe = Optimierung der Lösung).*

Für Ihre Lösungsversuche drucken wir Ihnen die drei entscheidenden Punkte vor: den Drehpunkt, den Aufdruckpunkt und den Punkt, der die Bewegung weiterleiten soll. Sie können von diesen 'Fest'punkten aus Ihre Konstruktion aufbauen. (Vier Arbeitsvordrucke finden Sie auf der nächsten Seite. Bitte zeichnen Sie sich selbst noch weitere, wenn Ihnen mehr als vier Lösungsmöglichkeiten einfallen. Den Lösungsvorschlag bei KLIX finden Sie auf der Seite 132.)

* Eine Aufgabe an der Grenze zur —▷Problemlösung. (Dargestellt nach einer Aufgabenstellung bei KLIX, F.: Information und Verhalten; 1976)

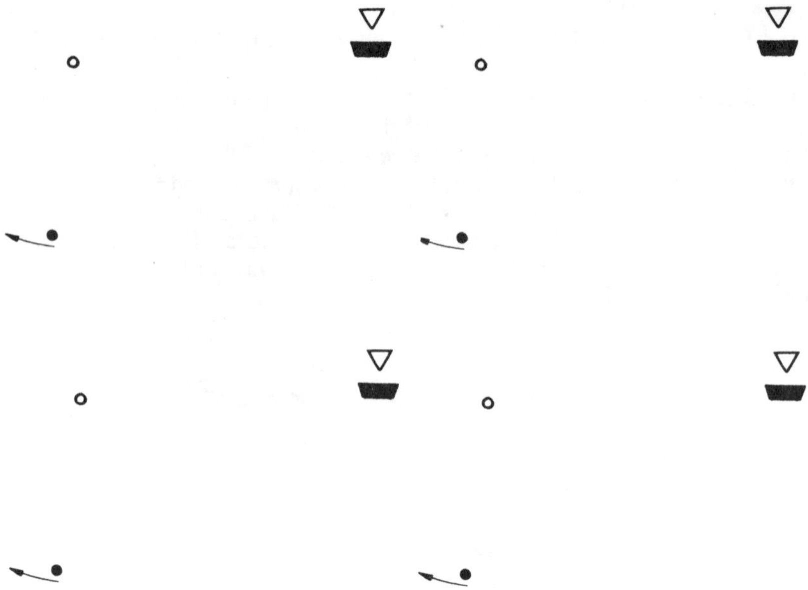

Abb. 16

Wir haben an der Aufgabenstellung zum Kipphebel-Problem lange herumgefeilt. Sie ist viel schwieriger, als es auf den ersten Blick erscheint. Einerseits sollte der Laie sehrwohl wissen, warum ein Kipphebel aufwendig als 'statisches Dreieck' konstruiert wird (—▷Festigkeit/Formstabilität), andererseits 'richten' diese Hinweise den Suchvorgang beim Problemlöser stark: sie engen das Suchfeld ein.

Es kann also durchaus sein, daß Sie die Lösung Abb. 29/d gar nicht erwogen haben, weil Sie der Forderung nach Stabilität und damit offenbar weitgehender 'Dreiecks-Ähnlichkeit' am wenigsten von allen denkbaren Lösungen entspricht. Und eben diese Lösung ist – nach dem geschlossenen Dreieck in der Aufgabenstellung – die funktionstüchtigste!
Tatsächlich sind alle anderen Lösungen, mag man bei ihnen auch das (Ausgangs-)Dreieck noch gut erkennen, viel schwächer als die Lösung 29/d. Zwar sparen sie alle Material und Lötstellen, aber 'statisch' bleibt eben nur das geschlossene Dreieck, – und alle abgewandelten Konstruktionen sind schlichte Winkelhebel mit verhältnismäßig ungünstigen Hebelverhältnissen.

Noch einmal zur Aufgabenstellung.

Kann man den Hinweis auf das "statische" Dreieck nicht weglassen? Vielleicht sucht dann der Laie ganz unbefangen nach seiner Lösung!

Er zweifellos! Derjenige aber, der nur ein wenig von Statik und Festigkeit versteht, wird schon durch die Zeichnung Abb. 15 irritiert,—▷'gerichtet'.

Hier haben wir tatsächlich den seltenen Fall, daß sogar eine recht bescheidene Grundorientierung (—▷epistemische Basis) unangenehme Folgen haben kann.

4.4 (Exkurs:) Vom Auswerten und Bewerten

Es ist höchste Zeit, daß wir im Zusammenhang mit der Lösung zur Kipphebel-Aufgabe über die Auswertung/—▷Bewertung solcher (kreativer) Aufgabenlösungen sprechen. Hier wird nämlich (u.a.) der Gegensatz (?) von Quantität zu Qualität besonders deutlich. Also lautet eine erste wichtige Frage:

> Wenn ein Problemlöser alle (3) Lösungsformen (a/b/c) gefunden hat – die Lösung d allerdings nicht –, ist er dann besser als jemand, der nur (!) d entwickeln konnte?
> (Denken Sie sich bitte noch ein paar Frage-Varianten aus.)

Es ist wieder einmal notwendig zu betonen, daß (kreative) Denkprozesse nicht beobachtet/kontrolliert werden können. Selbst bei einer zeichnerischen Lösung, wie bei unserer Aufgabe "Kipphebel", ist alles das, was zuletzt auf dem Papier steht, nur Indikator für einen intern abgelaufenen Prozeß, den man (spekulativ!) rekonstruieren müßte. Niemand kann also sicher feststellen, ob der Löser, der nur(!) die Lösung d aufzeichnet, nicht auch a - c mitgedacht, aber aus bestimmten Gründen/Einsichten gar nicht erst notiert hat. Damit wäre er nicht nur mit der Qualität seiner Lösung d vielen Mit-Lösern überlegen, sondern sogar mit der Quantität seiner Lösungs-Ansätze.

Ganz sicher also kann die (Viel-)Zahl angebotener Lösungsvarianten (– in der Zeiteinheit! – wenn man überhaupt so weit gehen will) nicht wichtigstes und schon gar nicht alleiniges Kriterium für Kreativität sein. Eine optimale, schon eine optimierte, dem 'Perfekten' stark angenäherte Lösung ist oft weit besser als eine ganze Handvoll 'Als-ob'- bzw. 'Auch'-Lösungen. Allerdings: Nicht immer ist die bessere Lösung so verhältnismäßig leicht zu erkennen wie in unserem Beispiel. Dann muß man gegebenenfalls warten, bis die Praxis eine Lösung bestätigt.

Und noch etwas anderes müssen wir aus den Lösungsbildern zur "Kipphebel"-Aufgabe folgern:

Besonders bei sogenannten "Entwicklungsaufgaben" darf der Arbeitsprozeß nicht vorzeitig unterbrochen werden! Das Zuende-Denken im kreativen Prozeß braucht seine Zeit!

(Stellen Sie bitte einmal fest, wieviele Aufgaben in diesem Buche selbst mit einer hervorragend erscheinenden Lösung noch keineswegs aus-gedacht zu sein brauchen, also keine end-gültige Lösung haben.)

Wir sagten bei 3.3, daß der kreative Prozeß bei vielen Menschen ständig weiterläuft. Das heißt, daß für bestimmte Aufgaben auch noch Lösungen gefunden werden können, wenn man sich schon längst nicht mehr ausschließlich oder vordringlich mit dieser Aufgabe beschäftigt. Dann könnten – theoretisch – sogar längere Zeit später noch Lösungen vorgelegt werden, die in einem solchen langsamen, 'internen' Vorgang entstanden sind.

Selbst wenn es Ihnen Mühe machen sollte, auf einen - für Sie - längst abgeschlossenen Prozeß zurückzudenken: nehmen Sie auch solche Lösungen noch an!

Wir sind Ihnen die Antwort auf die Frage oben schuldig geblieben. Natürlich nur deswegen, weil es wirklich kaum 'richtige' Entscheidungsmöglichkeiten zwischen Viel-Zahl (auch: dem breiten Spektrum) und (optimierter) Einzel-Lösung gibt.

4.4.1 Als Einführung in den Arbeitsbereich mit mathematisch/geometrischen Aufgaben zur Kreativität stellen wir Ihnen ein <u>mathematisches Problem, gedichtet</u> vor:

Chr. MORGENSTERN (1871-1914)

Der Zwölf-Elf kam auf sein Problem
und sprach: "Ich heiße unbequem.
Als hieß ich etwa Drei-Vier
statt Sieben – Gott verzeih mir!"

Und siehe da, der Zwölf-Elf nannt sich
von jenem Tag ab Dreiundzwanzig.

Sie haben MORGENSTERN nie ganz ernst genommen? Das sollten Sie auch nicht. Er hätte Sie dafür ausgelacht. Aber MORGENSTERNs Kreativität gehört zu der seltenen Sorte des 'schöpferischen Humors', der neben der viel üppigeren mathematisch-naturwissenschaftlichen und der technischen Kreativität oft übersehen wird.

Nun endlich die erste Aufgabe aus dem Großbereich "Mathematik". Sie erscheint erst jetzt, weil abstrakt-mathematische Problemlösungen grundsätzlich schwieriger zu sein scheinen als Aufgaben, bei denen 'Gegenstände' (hier: das sichtbar Gegenüber-Stehende) eine wichtige Rolle spielen. Damit es aber nicht gleich zu abstrakt wird, haben wir für diese erste Problemlösung auch etwas Gegenständliches herausgesucht.

Spiel mit der Diagonale

Bei der Lösung dieser Aufgabe dürfen Sie nur zwei Schreibmaschinenblätter benutzen:

Wie lang sind die Seiten eines Quadrats, dessen Diagonale so lang ist wie die Längsseite eines DIN A 4-Blattes?

Diese Aufgabe wirkt mit ihrer gedrängten (Informations-)Fülle ausgesprochen schwierig. Die Textanalyse ist deshalb besonders wichtig:

- was ist bekannt?
- womit können wir arbeiten?
- deuten irgendwelche Informationen vielleicht sogar die Richtung an, in der die Lösung gesucht werden muß?

Brauchen Sie oder Ihre Mitarbeiter noch irgendeine Hilfe?

Wir sind es gewöhnt, Längen immer in Maßeinheiten (m, cm, mm o.ä.) anzugeben. Das werden Sie mit den Ihnen zur Verfügung stehenden Hilfsmitteln (zwei Schreibmaschinenbögen) kaum schaffen!

(Lösung auf der Seite 133.)

Es geht mathematisch weiter, zunächst ohne Überschrift.

4.4.2 Gleich eine ganze Folge von Lösungsschritten mit Teillösungen brauchen Sie für die folgende Aufgabe.

Sie kennen die Formel $c^2 - a^2 = b^2$ *?*
(Die Grundformel lautet anders: $\quad = \quad$ *)*
Das ist der Lehrsatz des $\qquad$.
Aber jetzt fängt unsere Aufgabe erst richtig an:

Versuchen Sie, den Inhalt dieses Lehrsatzes möglichst sinn-fällig grafisch darzustellen.

Dazu eine kleine Hilfe: Es gibt nur eine einzige Zahlen-Zusammenstellung, mit der sich diese Formel einfach darstellen läßt!
(Die Lösung steht auf S. 134.)

Bei der Arbeit an dieser Aufgabe ist Ihnen vielleicht siedendheiß eingefallen, wie stark unsere 'verformelte' Welt unsere

Vorstellungen einengt. Denken wir wirklich a^2 noch als "das Quadrat über der Länge a"? Ist eine Parabel tatsächlich noch die (Grenz-)Linie, die entsteht, wenn man einen Kegel schräg zum Grundkreis hin durchschneidet? Oder ist es nicht vielmehr eine Figur, mit deren Formel, einer Gleichung zweiten Grades, man auf einem Koordinatenkreuz herumhantiert ($y^2 = 2px$)?

Zur Kreativität gehört es sicher, daß wir wieder mehr in Bildern zu denken lernen, – jedenfalls überall dort, wo man sich 'ein Bild machen' kann.

4.4.3 Und noch ein drittes Mal sollen Sie 'mathematisch' zu denken versuchen. Natürlich hat auch diese geballte Anordnung dreier Aufgaben zu (weitläufig) verwandten Themen ihre besondere Bedeutung. Sie kennen die Sache mit der 'Einstellung' längst und werden deshalb in der folgenden Aufgabe besonders wachsam sein. Aber vielleicht handelt es sich gar nicht um eine 'Einstellungssache' beim "Viertelkreis-Problem".

Sie haben alle oder (immerhin!) die meisten oder (wenigstens!) einige der Aufgaben in diesem Buch 'ganz leicht' lösen können? Dann ist Ihr Selbstwertgefühl gewachsen, und dann haben Sie inzwischen so viel Humor entwickelt, daß wir Sie sogar mit einer albernen (Trick-)Aufgabe nicht mehr ärgern können. Mit dieser Aufgabe wollen wir Sie aus dem ersten Teil unserer Übungsreihe entlassen; nicht ohne noch einmal zu mahnen: vergessen Sie nicht, immer wieder genau hinzusehen!

– Und: Nichts für ungut!

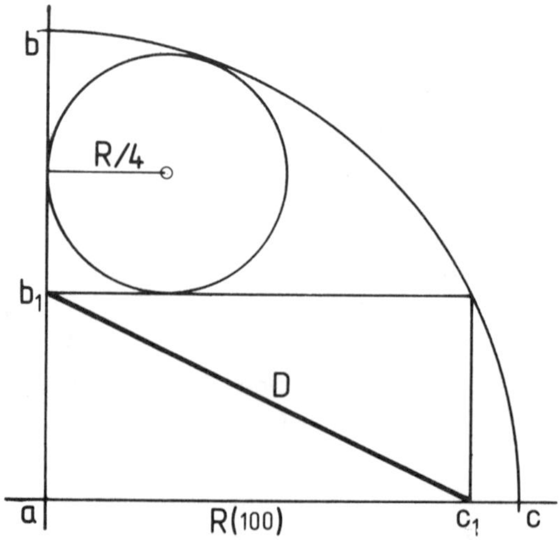

Abb. 17

Bitte vergleichen Sie:
in einen Viertelkreis mit dem Radius R wird zunächst ein Vollkreis mit R/4 so eingezeichnet, daß er die Kreislinie und die senkrechte Achse a - b berührt. Auf der verbleibenden Fläche wird ein Rechteck über die Strecken a - b_1 und a - c_1 gezeichnet.
Stellen Sie fest, wie lang die Diagonale b_1 - c_1 ist.

Auch bei dieser Aufgabe sollten wir uns – wenn Sie die Lösung nicht ganz leicht aus dem Ärmel schütteln konnten – noch einmal Gedanken darüber machen, warum sie schwierig erscheinen kann.
Schon die erste Textzeile ist niederträchtig, denn sie will (nur) Ihre Aufmerksamkeit teilen (—▷ was soll denn "verglichen" werden?).
Dann folgt eine ganz überflüssige 'Beschreibung' der Abbildung (—▷die Zeichnung ist klar genug)
Zusätzlich werden Informationen angeboten, die mit der Aufgabe nichts zu tun haben (—▷die Sache mit dem kleinen Kreis R/4 (!); es ist nämlich ganz gleich, in welche 'Restfläche' ein Rechteck eingezeichnet wird: immer ist...). Ärgerlich, die Spielerei mit Zahlen und Buchstaben (—▷ b; b_1...). Aber diese ganze Aufgaben'beschreibung' und die Aufforderung, sie mit der Zeichnung zu vergleichen, sollte Sie eben nur verwirren und vom wirklich Wichtigen ablenken: vom genauen Hinsehen!

Und natürlich ist auch schon der Name ("Viertelkreis-Problem") eine pure Gemeinheit!
Letzte Bemerkung:
Die Aufgabe wirkt noch verwirrender, wenn man die Zeichnung – mit begleitenden Worten im Sinne unserer 'Beschreibung' – vor den Lösenden entstehen läßt. Einzige Schwierigkeit dabei: man muß beim Zeichnen des kleinen Kreises mit R/4 ein wenig 'zaubern'. Am besten ist, Sie bereiten sich eine entsprechend große Pappschablone vor, die Sie gut in die 'Ecke' bei b einpassen können.

Nochmals: Nichts für ungut!

Die Lösung fügen wir diesmal gleich an:
Natürlich ist D = R (= 100), denn ebenso gut hätte man die Diagonale von a aus zur vierten Ecke im Rechteck zeichnen können; in Rechtecken sind die Diagonalen immer gleich lang.

4.4.4 In zwei dicht folgenden Aufgaben spielte die D i a g o n a l e eine wichtige Rolle (4.4.1, "Messen ohne Maß" und "Viertelkreis"). Sogar beim 'Pythagoras' kann man eine Diagonale mit einer besonderen Funktion entdecken (—▷ die Hypothenuse, die uns rechnerisch beschäftigt). Und da wir bei der Zusammenstellung der Aufgaben völlig freie Hand hatten, ist diese 'Diagonalen-Häufung' natürlich Absicht.

Bei 4.3.4 ist schon einmal das Stichwort "Festlegung/Einstellung" behandelt worden. Eine Festlegung/Einstellung könnte Ihre Lösung der Viertelkreis-Aufgabe beeinflußt haben, denn: Festlegungen/Einstellungen werden vor allem als

Nachwirkungen früherer, echter, erfolgreicher Lösungen

wirksam. Aber wenn Sie die beiden Abb. 30 und 17 miteinander vergleichen, sehen Sie, daß wir uns redlich Mühe gegeben haben, Sie ein wenig in die Irre zu führen. Natürlich mußte die Diagonale bei 4.4.3 anders verlaufen als bei 4.4.1, aber bei 4.4.3 hat die Aufgabe selbst die Verlaufrichtung bestimmt.

Es gibt zahlreiche Untersuchungen, die den besonderen Wirkungen der Festlegung/Einstellung auf die Spur zu kommen versuchen. Selbstverständlich spielen auch hier die individuellen Voraussetzungen beim Lösenden eine Rolle, aber grundsätzlich gilt wohl, daß Festlegungen/Einstellungen stark durchschlagen, wenn der Lösende schon an der Grenze seiner Leistungsfähigkeit arbeitet, z.B. wenn er müde oder gar durch körperliches Unwohlsein vorab belastet ist und – merkwürdigerweise – wenn er glaubt, der Lösung sehr nahe zu sein. Dann ist er meist aufgeregt, vom Vorangegangenen 'gestreßt' und dadurch offenbar in seinen Handlungen weniger kontrolliert.

Wir haben oben ein wenig ironisch von einer "Diagonalen-Häufung" gesprochen, – bei ganzen zwei oder drei Aufgaben hintereinander, in denen Diagonalen eine Rolle spielen. Eine Festlegung/Einstellung kann sich schon aus einer einzigen besonders eindrucksvollen Lösung, sogar aus einem Lösungs-Zwischenschritt entwickeln! Nachteile einer ständigen Wiederholung sind aus einer Aufgabenhäufung (w.o.) jedoch nicht zu erwarten.

Nachteile? Ja – für die Denkerziehung! Denn in ständigen Wiederholungen über einen längeren Zeitraum hin können zunächst hochqualifizierte Denk- bzw. Problemlösungs-Prozesse allmählich auf immer niedrigeres Niveau absinken: Routine!

Aber gibt es denn in der Kreativitäts-Erziehung diese ständigen Wiederholungen überhaupt? Wir haben uns nicht die Mühe gemacht, diese Frage genauer zu untersuchen oder zu durchdenken oder gar Aufgabenreihen zu entwickeln, in denen ständige Wiederholungen einen gewissen 'Übungs'effekt auslösen könnten. – Denkbar sind sie natürlich!

4.4.5 'Federball'*

Zwei Jungen spielen Federball.
Eine Weile scheint alles gut zu gehen. Aber dann wirft einer der beiden seinen Schläger beiseite und sagt: "Ich mag nicht mehr!"

Das Spiel ist zuende, die Situation 'unbefriedigend'.

Unsere Aufgabe:

1.) *Versuchen Sie, Gründe für das Entstehen dieser Situation zu nennen.*
2.) *Entwickeln Sie Vorschläge zur Auflösung der 'unbefriedigenden' Situation, die sich auf die unter 1.) genannten Gründe beziehen.*

(Lesen Sie bitte genau und beginnen Sie hier bereits nachzudenken; erst dann lesen Sie noch einige Bemerkungen zur Lösung:)

Niemand kann den Anlaß genau kennen, aus dem der Junge das Spiel abbricht. Wir können über ihn nur mutmaßen. Aber es gibt sicherlich plausible Gründe für sein Verhalten – und ganz und gar abwegige. Wenn Sie sich alleine mit dieser Aufgabe beschäftigen, fällt Ihnen womöglich gar nicht auf, wie abwegig eine ganz bestimmte Überlegung ist, oder allgemeiner: wie abwegig Begründungen und Abhilfe-Anregungen sein können. Deswegen machen wir Ihnen für diese Aufgabe einen interessanten Vorschlag (– weiter hinten!).

Das Schlüsselwort in dem Satz, der das Problem aufscheinen läßt, heißt "... m a g nicht mehr!", und nicht etwa "... k a n n nicht mehr!". Müde also, verletzt oder erschöpft scheint der Junge, der aufhören will, nicht zu sein.
Er ist de-motiviert, verärgert, ⊳'frustriert'.

Suchen Sie mutmaßliche Gründe dafür und prüfen Sie, ob sich die unbefriedigende Situation dann auflösen läßt, wenn man einen oder mehrere dieser Gründe abstellen könnte.
Sollte etwa der Schläger des Jungen nicht in Ordnung sein?
Offenbar hat er keinen besseren Schläger zur Hand; dieser

* Weiterentwicklung einer Aufgabe von M. WERTHEIMER (Produktives Denken; Frankfurt/M., 1957).
Er untertitelt sie: "Unbefriedigende Situation als Problem". Diese Aufgabe und ihre 'offene' Lösung ist zweifellos interessant. Aber stellt sie wirklich ein Problem vor? (Denken Sie bitte an unsere sehr strenge Definition des Problem-Begriffs zurück!) Andererseits: in eine "Schule der Kreativität" paßt sie gut hinein. Zwar liegen Fragestellung und Lösung nicht sehr weit auseinander, aber auch verhältnismäßig 'einfache' Lösungen müssen erst einmal gefunden, vor allem aber sauber begründet werden.

äußerliche Grund für sein Verhalten läßt sich also nicht abstellen. (Gibt es noch andere?)

Naheliegender sind wohl innere Anlässe:
Ist die Spielstärke der beiden Jungen zu unterschiedlich?

Also
- der Spielstärkere gibt auf, weil ihm das lässige Herumgeklopfe keinen Spaß mehr macht?

  Die unbefriedigende Situation ist nicht aufzulösen, denn selbst wenn dieser Junge unter erschwerten Bedingungen weiterspielen müßte (– bitte lassen Sie sich ein paar solcher Bedingungen einfallen!), spannend wird das Spiel für ihn trotzdem nicht werden.
- Der schwächere Spieler will aufgeben, weil er keine Chance sieht, das Spiel für sich offen zu halten.

  Ihn kann wohl am ehesten motivieren, wenn man für ihn Spielbedingungen schafft, die seine Chancen verbessern (– etwa ähnliche wie die, die den Stärkeren ein wenig bremsen sollen).

Sie bemerken den psychologischen Unterschied zwischen fördernden und hemmenden Bedingungen, selbst wenn es gleichartige Maßnahmen sind!
"Psychologisch" ist das Stichwort für eine Schlußbemerkung zu dieser Aufgabe. Muß man etwa viel von Psychologie wissen, wenn man diese Aufgabe lösen will?
Ganz sicher nicht! Nur wenige Menschen haben eine so geringe Vorstellungskraft, so wenig Gespür, daß sie sich nicht in diese 'unbefriedigende Situation' hineindenken können. Wer das aber (noch) kann, dem fallen auch Lösungsvorschläge ein.

4.4.6 Besonders gut eignet sich diese Aufgabe für eine Gesprächsrunde, in der z.B. Lösungsansätze offen besprochen und auf ihre Wirkungen hin untersucht werden können.
Also: Notizen aufzeichnen lassen (jedes Gruppenmitglied für sich selbst),
diese Notizen dann für alle sichtbar machen (z.B. an der Wandtafel),
ordnen (nicht vergessen!) und durchsprechen,
wobei der Lehrende nur (!) auf die Spielregeln – wie beim vergleichbaren brain-storming –, also auf die Fairneß in der Auseinandersezung zu achten hat.

Die Aufgabe kann schließlich noch weiter geführt werden mit

3.) *Stelle den gesamten Vorgang mit allem, was ausgeschlossen, und allem, was besonders bedacht und veranlaßt werden soll, in einer Übersicht zusammen.*
(Dazu sind Tafelnotizen nützlich.)

Schließlich, und weil wir so schön in der Übung sind:

4.) *Welche andersartigen Bedingungen kämen in die Gesamtproblematik, wenn der erste Satz des Aufgabentextes lediglich lautete: "Zwei Menschen spielen Federball..."?*
(Eine Lösung dazu auf S. 135.)

4.4.7 Die Rollstuhl-Aufgabe

Wir wollen Ihnen für diese Aufgabe nur eine Beobachtung mitteilen, und Sie sollen versuchen, 'etwas' daraus zu machen.

Vorhin sah ich einen Rollstuhlfahrer, der versuchte, rückwärts von der Fahrbahn über den ca. 10 cm hohen Bordstein auf den Gehweg hinauf zu fahren.

Ihre Sensibilität ist aufgerufen!
Wird da etwas Ungewöhnliches mitgeteilt? (Bitte notieren Sie genau, was Ihnen bei der Mitteilung eben durch den Kopf geht!)

(Zur Lösung)
Haben Sie sich etwa aufgrund unserer Aufgabenstellung einmal einen Rollstuhl genauer angesehen? Oder wußten Sie, daß bei ihm die kleineren (!) Räder vorne laufen?
- Warum eigentlich? (1)

Sind Sie – wie wir uns das gewünscht haben – über den Hinweis "rückwärts" in unserer 'Beobachtung' gestolpert? Also:
- Warum fährt er rückwärts auf den Gehweg hoch, mit den weit größeren Rädern voran? (2)

Sie schließen: Größere Räder können ein Hindernis leichter überwinden als kleine Räder. – Wie können Sie das beweisen?

Am besten in zwei Schritten,
a.) praktisch, mit einer grundlegenden Feststellung
und
b.) zeichnerisch (—▷ sehen Sie sich die Abb. 32a/b an).

Für die praktische Untersuchung brauchen Sie einen räderähnlichen großen und einen wesentlich kleineren runden Gegenstand, dazu ein 'Hindernis', z.B. ein dickes Buch. Bitte beobachten Sie genau, wie sich die beiden 'Räder' bewegen, wenn sie über das Hindernis rollen.

Drehen sie sich um ihre Achse? – Oder vielmehr um die Stelle, an der sie das Hindernis berühren?
Und welchen Weg beschreibt dabei die Achse (– auf der ja die Sitzfläche des Roll'stuhls' befestigt ist)? – Sie bewegt sich schräg nach oben! Auf einem weiteren oder engeren Kreisbogen zwar, aber eine Tangente an diesen Kreisbogen sieht aus wie eine flache bzw. eine wesentlich steilere 'schiefe Ebene'. (Das Gesetz der schiefen Ebene kennen Sie doch sicher noch!)

Ist damit die Frage (2) in dieser Beschreibung des Lösungsvorgangs beantwortet? Ist die Antwort ganz richtig/vollständig? Die Abb.32amit ihrer Tangente beschreibt die Steigung, die das Rad in der allerersten Phase des Drehens um den Berührungspunkt am Hindernis zu überwinden hat. Natürlich wird hier der größte Krafteinsatz gefordert. Aber wird der Bogen, den der Radmittelpunkt beschreibt, nicht immer flacher?
Sehen Sie dazu Abb.32b.Hier sind die Radmittelpunkte in der Stellung 'unten' und 'oben' (auf der Gehweg-Kante) miteinander verbunden. Auch dabei entsteht klar erkennbar eine schiefe Ebene. Und auch dabei ist deutlich, daß das größere Rad wesentlich 'flacher' (22°) über das Hindernis steigt als das kleine (40°). Also nicht nur der Anfangs-Krafteinsatz, sondern der gesamte Energieaufwand ist unterschiedlich groß.

Aber wir wollen noch weiter fragen: Wann kann man mit einem Rad ein Hindernis, die Gehweg-Kante z.B., fahrend/rollend überhaupt nicht mehr überwinden? (Die Antwort auf diese Frage finden Sie am besten natürlich selbst; – sonst ein Stück weiter unten.)

Hier müssen wir zunächst noch die Antwort auf die Frage (1) nachtragen. Die kleinen Räder sind vor allem als Stützräder wichtig. Liefen nämlich die großen Räder vorne, müßte der Rollstuhl immer dann kippen, wenn sich der Fahrer etwa auf dem Fußbrett aufrichten wollte, denn damit geriete der Schwerpunkt des ganzen Gefährts weit vor die Radachse.

Nun die letzte Antwort: Sehr kleine Räder, deren Achse tiefer liegt als die Kante eines Hindernisses, können dieses Hindernis nicht mehr überrollen (– sie müssen erst ein Stückchen angehoben werden!).

4.5 **(Exkurs:) Sensibilität**

Erinnern Sie sich bitte an die Vorrede zur Drehsinn-/Drehrichtung-Aufgabe (4.3.1 Zusammenhänge). Vermutlich haben Sie oft genug gesehen, wie ein Rollstuhlfahrer sein Gefährt auf den

Gehweg hinaufzubringen versuchte. Haben Sie es jemals 'beobachtet'? War Ihnen dieser Vorgang eine Frage wert?

Wir wollen ein wenig über Sensibilität sprechen. Denken Sie dabei auch an die zwanzig Aufgaben zurück, die Sie bisher in diesem Buch schon bearbeiten sollten. Sind sie nicht alle sehr einfach, beinahe trivial gewesen? Auf die meisten von ihnen hätten auch Sie gut und gerne kommen können!
Und warum sind Sie nicht selbst darauf gestoßen?
Nun – das Thema "Kreativität" ist vielleicht neu für Sie. Sie werden sich aber zukünftig häufiger damit beschäftigen. Dann werden Ihnen sicher noch zahlreiche andere Aufgaben und Aufgaben-Varianten einfallen; – zumindest, wenn Sie für versteckte Fragestellungen, für große und kleine Probleme sensibel genug geworden sind. Das ist eine Voraussetzung! Aber man kann die eigene Sensibilität üben (– als Lehrender), und die der Lernenden natürlich auch.
Dazu ein paar Hinweise.

Nehmen Sie nie etwas für selbst-verständlich! Das meiste verstehen wir nämlich gar nicht; wir nehmen's nur hin; – z.B. daß ein Schloß schließt, ein Kleber klebt und daß wir aus Büchern mit Seiten lesen – und nicht von Rollen!

Überprüfen Sie so viele Ihnen begegnende Funktionen wie möglich, Funktionen von Gegenständen, mit denen Sie täglich umgehen! Aber bitte Vorsicht! Manches Schreibgerät z.B. hat schon seine Funktion eingestellt, nachdem es 'überprüft' worden ist. Im Ernst: Wissen Sie, wie ein Kugelschreiber funktioniert?

Lernen Sie hören!

Vor allem: Nehmen Sie Fragen ernst!

Dazu gehört schon wieder eine besondere Art der Sensibilität, das Gefühl für die Unsicherheit, die Befangenheit, sogar für eine Art 'Not', die sich oft hinter einer Frage verbergen, die gar nicht einmal wie eine Frage auszusehen braucht.
Da muß man hinhören können!
Wir schließen unsere Sensibilität viel zu oft ab.

Auch das ist – wie das 'eingeschränkte' Wahrnehmungsfeld (→ 4.2.1) – vielfach eine Schutzmaßnahme gegen die Über-Inanspruchnahme unserer Einfühlsamkeit (– nicht "Überbeanspruchung"! Das könnte einfach eine (zu) große Belastung sein. Inanspruchnahme soll sagen, daß sie dauernd – und viel zu oft überflüssig – gefordert wird.).

Sie erinnern sich an das "sich öffnen können (und dann:) in sich hineinhorchen" (Zusammenstellung bei 2.2.6)? Sie sehen: Wir sind ganz bescheiden! Es ist wahrscheinlich gar nicht nötig, daß man ständig 'ganz offen' ist; es ist aber wichtig, daß man sei-

ne Sensibilität so oft wie möglich wiederentdeckt.
"Sensibel ist man, – oder man ist es eben nicht?"
Dann wären wir übel dran, – und viele von uns hätten eine allzu billige Entschuldigung!

4.5.1 Noch einmal: Gleichgewicht

Bitte beschreiben Sie sehr sorgfältig die Funktion der beiden in der Schnittzeichnung abgebildeten Flüssigkeitsbehälter, die bis auf das anhängende Gewicht bei b) völlig baugleich sind.
In Ihrer Beschreibung wird der Begriff "Flüssigkeitsstand" eine Rolle spielen.

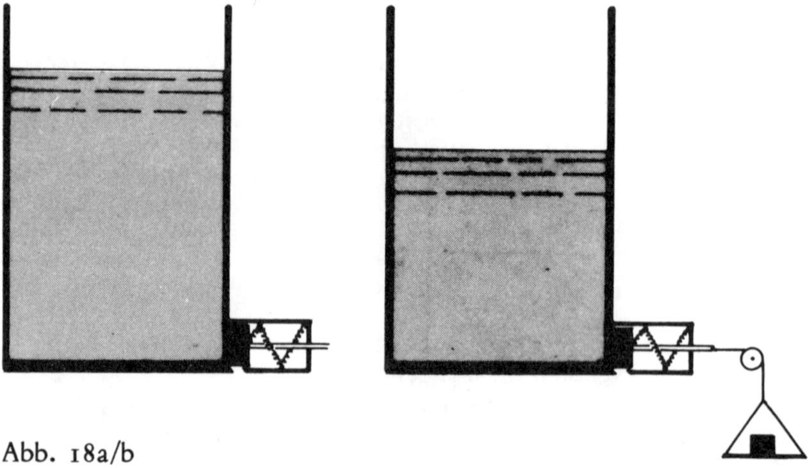

Abb. 18a/b

Ist Ihre Beschreibung fertig? Wenn Sie dabei mitgedacht haben, können Sie nun auch mühelos die beiden folgenden Fragen beantworten:

auf welche z w e i Arten muß der Behälter b) verändert werden, damit auch bei ihm der Flüssigkeitsstand wie bei a) erreicht werden kann?
Eine der beiden Veränderungen ist 'technisch reifer'; welche und warum?

Diese 'Einstellungs'aufgabe sollte zunächst einmal Ihr technisches Vorstellungsvermögen aktivieren bzw. re-aktivieren. Ein paar physikalische Grundkenntnisse sind dabei vielleicht auch wieder aufgerufen worden. Sehr viel Kreativität hat die Aufgabe nicht von Ihnen gefordert. Stattdessen haben Sie, hoffentlich, zu einer knappen und präzisen Sachdarstellung gefunden. Solche Darstellungen sind im Stil nicht immer 'schön'. Wortwiederholungen in kurzen Abständen z.B. lassen sich oft nicht vermeiden. Aber diese Beschreibungen müssen einen Sachverhalt zuverlässig und in ausgeformter Sprache allgemein-verständlich wiedergeben.

(Bemerkungen zur Lösung stehen auf S.136.)

4.5.2 Für die Arbeiten an der nächsten Aufgabe wird eine ganz besondere Kreativität gefordert. Der Text, der bearbeitet werden soll, ist bekannt. Es ist die Originalsprache der Brüder GRIMM in ihrer Sammlung "Deutsche Sagen".

Die Kinder zu Hameln oder
Die Geschichte vom Rattenfänger

Im Jahr 1284 ließ sich zu Hameln ein wunderlicher Mann sehen. Er hatte einen Rock von vielfarbigem, bunten Tuch an, weshalben er Bundting soll geheißen haben, und gab sich für einen Rattenfänger aus, indem er versprach, gegen ein gewisses Geld die Stadt von allen Mäusen und Ratten zu befreien. Die Bürger wurden mit ihm einig und versicherten ihm einen bestimmten Lohn. Der Rattenfänger zog demnach ein Pfeifchen heraus und pfiff, da kamen alsobald die Ratten und Mäuse aus allen Häusern hervorgekrochen und sammelten sich um ihn herum. Als er nun meinte, es wäre keine zurück, ging er hinaus, und der ganze Haufen folgte ihm, und so führte er sie an die Weser; dort schürzte er seine Kleider und trat in das Wasser, worauf ihm alle die Tiere folgten und hineinstürzend ertranken.

Nachdem die Bürger aber von ihrer Plage befreit waren, reute sie der versprochene Lohn, und sie verweigerten ihn dem Manne unter allerlei Ausflüchten, so daß er zornig und erbittert wegging. Am 26. Juni auf Johannis- und Paulitag, morgens früh sieben Uhr, nach anderen zu Mittag, erschien er wieder, jetzt in Gestalt eines Jägers, erschrecklichen Angesichts, mit einem roten, wunderlichen Hut, und ließ seine Pfeife in den Gassen hören. Alsbald kamen diesmal nicht Ratten und Mäuse, sondern Kinder, Knaben und Mägdlein vom vierten Jahr an, in großer Zahl gelaufen, worunter auch die schon erwachsene Tochter des Bürgermeisters war. Der ganze Schwarm folgte ihm nach, und er führte sie hinaus in einen Berg, wo er mit ihnen verschwand. Dies hatte ein Kindermädchen gesehen, welches mit einem Kind auf dem Arm von fern nachgezogen war, darnach umkehrte und das Gerücht in die Stadt brachte. Die Eltern liefen haufenweis vor alle Tore und suchten mit betrübtem Herzen ihre Kinder; die Mütter erhoben ein jämmerliches Schreien und Weinen. Von Stund an wurden Boten zu Wasser und Land an alle Orte herumgeschickt, zu erkundigen, ob man die Kinder oder auch nur etliche gesehen, aber alles vergeblich. Es waren im Ganzen hundertunddreißig verloren. Zwei sollen, wie einige sagen, sich verspätet und zurückgekommen sein, wovon aber das eine blind, das andere stumm gewesen, also daß das blinde den Ort nicht hat zeigen können, aber wohl erzählen, wie sie dem Spielmann gefolgt wären; das stumme aber den Ort gewiesen, ob es gleich nichts gehört. Ein Knäblein war im Hemd mitgelaufen und kehrte um, seinen Rock zu holen, wodurch es dem Unglück entgangen; denn als es zurückkam, waren die andern schon in der Grube eines Hügels, die noch gezeigt wird, verschwunden.

Die Straße, wodurch die Kinder zum Tor hinausgegangen, hieß noch in der Mitte des XVIII. Jahrhunderts (wohl noch heute) die bunge-lose (trommel-, tonlose, stille), weil kein Tanz darin geschehen noch Saitenspiel durfte gerührt werden. Ja, wenn eine Braut mit Musik zur Kirche gebracht ward, mußten die Spielleute über die Gasse hin stillschweigen. Der Berg bei Hameln, wo die Kinder verschwanden, heißt der Poppenberg, wo links und rechts zwei Steine in Kreuzform sind aufgerichtet worden. Einige sagen, die Kinder wären in eine Höhle geführt worden und in Siebenbürgen wieder herausgekommen.

Für die Aufgabe wählen wir die Überschrift

'Rattenfänger 19..'

Dazu soll die 'klassische' Rattenfänger-Geschichte mit all ihren Anlässen und Hintergründen, ihren Möglichkeiten und Folgen in unsere Zeit oder sogar in die Zukunft übersetzt werden.

Einige Studenten haben für uns ein Märchen zu diesem Thema geschrieben, jeder sein eigenes. Wir haben uns dann zusammengesetzt und in einer Art 'Redaktionskonferenz', bei der die Regeln des brain-storming sorgfältig eingehalten wurden, eines der Manuskripte 'verdichtet'.

Es ist kein 'individuelles' Märchen mehr; ganz klar, wenn man das 'Herstellungsverfahren' bedenkt. Aber die alten Sagen und Märchen, bei den GRIMMs etwa, sind ja ganz ähnlich entstanden: immer wieder weitergesagt und verändert, einer ganz bestimmten Situation angepaßt, einem Ort oder einer Landschaft zugestellt und oft mit deutlichen politischen Anspielungen versehen. – Wie unser Märchen auch!

Rattenfänger 19..

Es war in Jederland zu jeder Zeit.
Dort trainierten die Sportler brav und fleißig wie Sportler überall – und blieben trotzdem Mittelmaß. Alle Politiker und alle Journalisten sagten: "Mit solchen Sportlern ist kein Staat zu machen!", und die Sportler fragten schließlich: "Wer hilft uns denn zu großen Leistungen und Jederland zu hohem Ansehen?"

Da kam eines Tages ein Fremder und versprach: "Ich werde Spitzensportler aus Euch machen, wenn Ihr mir bedenkenlos folgt!" – und alle waren's zufrieden. Die Politiker träumten von Jederlands Ruhm, die Journalisten von dicken Schlagzeilen und die Verbandstrainer von fetten Zuschüssen für ihre Verbände.
Der Fremde ging unverzüglich ans Werk. Zwar mußten die Sportler nicht viel anderes tun als bisher auch, aber zuvor bekamen sie alle eine ganz unscheinbare Pille, die Mädchen aus einer roten und die Jungen aus einer blauen Schachtel.
Bald waren viele von ihnen 'einsame Spitze'.
Der Fremde wurde Staatstrainer – natürlich. Die Sportler zogen in Scharen hinter ihm her, und die Schachteln mit den Pillen schienen unerschöpflich. Wenn jemand "Doping?" fragte, lachte der Staatstrainer nur und antwortete: "Doping ist nur, was man auch feststellen kann!"
Die Verbandstrainer sahen das alles mit Verwunderung – und mit Neid. Schließlich meinte einer von ihnen: "Wenn es nur an den Pillen liegt, dann muß jemand nicht Staatstrainer sein. Wir wollen sie ihm abkaufen – und dann mag er sich trollen!"
Der Fremde aber sagte: "Ich will Euer Geld nicht, ich will mein Amt!" Da drohten sie ihm – und als er schließlich seinen Preis nannte, erschraken sie und drohten ihm wieder. Sie feilschten lange, doch endlich nahm er ihr Geld. Und dann schüttete er alle Pillen, die er noch besaß, über dem großen Tische aus, daß die aus der roten und die aus der blauen Schachtel lustig durcheinander sprangen. Die Verbandstrainer rafften zusammen, was sie greifen konnten. –
Nun ging alles ganz schnell:

Einige Sportler wurden feist und träge; anderen taten Muskeln und Gelenke so weh, daß sie sich nicht mehr bewegen mochten; die Mädchen brummten wie die Bären und die Jungen schrillten, als warteten sie zeitlebens auf den Stimmbruch. Das nächste Sportfest war ein Riesen-Reinfall.
Alle Politiker beteuerten, so hätten sie den Leistungssport nicht verstanden. Die Journalisten hatten wieder einmal dicke

Schlagzeilen. Die Verbandstrainer schoben sich gegenseitig die Schuld zu und manchmal auch den Pillen, – aber nur hinter vorgehaltener Hand, denn über Pillen spricht man nicht. – "Narren!" dachte der Fremde, "alle sind Narren, die an Pillen glauben!" – aber da war er schon auf dem Wege in ein anderes Land, das auch einmal die besten Sportler auf der Welt haben wollte.

Das Märchen hat Ihnen hoffentlich ein bißchen Freude gemacht!
Aber – wie war das mit dem divergenten Denken, der Form der Kreativität, der dieses Buch gewidmet ist? Sind Märchen nicht vielmehr "Kunst"?
Ganz richtig! In unserer Aufgabe jedoch ist die sonst so freie Kunst eben nicht ganz frei. Es sollte Ihnen nicht irgendein märchenhafter Inhalt für Ihre Erzählung einfallen, sondern das Thema und sogar die Durchführung waren sehr genau bestimmt. Kreativität war notwendig, um für diesen gegebenen Rahmen das passende Bild zu suchen. Und weil Bilder selten ganz genau passen, mußte es zurechtgeschnitten, vielleicht ein wenig umgeformt, aber immer wieder am Rahmen 'gemessen' werden.
Vergleichen Sie nun Ihr Märchen mit dem Dichtwerk unserer Studenten, suchen Sie Stärken und Schwächen, decken Sie Widersprüche auf. Arbeiten Sie ruhig noch ein bißchen daran! Vielleicht sogar in drei Wochen noch einmal, wenn Sie etwas Abstand dazu gewonnen haben!

4.5.3 Kind im Brunnen? – und mehr vom 'Suchfeld'

Eine Baustelle.
Am Rande der Baustelle stehen ein paar Kinder, die für einige Minuten ihr Ballspiel unterbrochen haben, um den Bauarbeitern zuzusehen. Ein kleiner Junge hält den Ball. Plötzlich fällt er ihm aus der Hand, rollt eine kurze Strecke und verschwindet in einem engen Loch.
Die Bauarbeiter haben Röhren in den Boden eingelassen. In einer dieser Röhren liegt der Ball. Man kann ihn sehen. Aber er liegt so tief, daß ihn kein Kinderarm erreichen kann. Ein paar Bauarbeiter haben das Unglück bemerkt. Einer will helfen. Auch sein Arm ist noch zu kurz. Er versucht, mit einer Schaufel hinunterzulangen; sie ist zu breit für die enge Röhre.
Die Kinder und die Bauarbeiter sind ratlos.
Sie sehen sich auf der Baustelle um. Da liegen ein paar Leisten und Bretter, eine Rolle Draht, da steht die Wassertonne, daneben ein paar Eimer, Zementsäcke sind unter einer Plane gelagert und in einer großen Werkzeugkiste liegen noch einige Schaufeln und Hacken.

Ein Bauarbeiter holt ein Stück Draht und biegt es zurecht, bis es einem Löffel ähnlich sieht. Aber wenn er den Löffel so breit macht, daß er den Ball umgreifen könnte, paßt er nicht in den schmalen Spalt zwischen Ball und Röhrenwand.

Ein Mann mit einer langen Brechstange sagt: "Einfach aufspießen!" Die Kinder gucken entsetzt; und der Vorarbeiter schimpft: "Blödmann!"
Aber auch er weiß nicht, wie man den Ball heraufholen könnte. Also kein 'Kind im Brunnen', sondern nur ein Ball in der Röhre, aber trotzdem ein kniffliges Problem.

Haben Sie einen Einfall, wie man es lösen könnte?

Vorteilhaft für die Arbeit an der Lösung ist zweifellos, daß das 'Suchfeld' für Lösungs-Ansätze bei dieser Aufgabe durch unsere Beschreibung ziemlich stark eingeengt wird:
Ein paar Lösungsmöglichkeiten werden durch Probieren ausgeschaltet: das Greifen, das Herausheben mit der Schaufel oder der Drahtschlinge, das Aufspießen. So wird der Lösende durch die knappe Aufzählung des 'Drumherum' auf die letzte Lösungsmöglichkeit geradezu hingestoßen.

Haben Sie's?
Wenn nicht, gehen Sie den Text der Aufgabe noch einmal sorgfältig durch und lesen Sie erst dann weiter.

Ist Ihnen die Wassertonne mit den Eimern nicht aufgefallen?
Richtig – wenn man die Röhre mit Wasser auffüllt, wird der Ball nach oben schwimmen und kann dann leicht gegriffen werden!

Trotzdem: Man sollte diese Aufgabe nicht unterschätzen. In unserer Aufgabenfolge ist klar, daß eine Lösung mit dem, was im Text benannt wird, möglich sein muß. Das macht das "eingeschränkte Suchfeld" so hilfreich. Auf einer Baustelle, auf der sehr viel mehr herumsteht und – mindestens gedanklich – als unbrauchbar aussortiert werden muß, kann diese Lösung schwieriger sein.

Von einem "eingeschränkten", auch "eingeengten" Suchfeld sprechen wir dann, wenn nach der Aufgabenstellung nur noch wenige Lösungsmöglichkeiten offen bleiben. Sie müssen nicht immer, wie in unserer Aufgabe, beschrieben werden. Ebenso können für eine Lösung bestimmte Gerätschaften bereitgestellt werden, geeignete und ungeeignete.

(S.a. bei den Aufgaben "Dracheninsel" und "Messen ohne Maß".)

4.5.4 Ein Filmdrehbuch zu schreiben ist nicht eben leicht. Viele Einzelheiten sind zu notieren. So fahren die Aufnahmekameras oft ganz nahe an die handelnden Personen heran und halten auch kleinste Reaktionen, ein flüchtiges Zögern, das Senken eines Blickes, den Anflug eines Lächelns etc. fest. Gute Drehbücher geben vorsichtige Hinweise auch auf solche Verhaltensweisen. Der Schauspieler muß die Szene dann immer noch glaubwürdig 'ausspielen'.

Unsere sehr stark vereinfachende Drehbuch-Aufgabe fordert vom Lösenden zweierlei Kreativität:

- er soll in eigener Sprachführung und mit Hinweisen auf wichtige Darstellungs-Einzelheiten die gegebene Drehbuch-Geschichte form-gemäß zuende bringen,
- und er soll eine Lösung des darin angesprochenen (rechtlich-) menschlichen Problems finden.

Lösen Sie das

(Drehbuch-Problem:) Überlisteter Betrüger

Die Vorgeschichte: Der alte Mann hat beim Wucherer so hohe Schulden, daß er nicht mehr daran denken kann, das geliehene Geld je zurückzuzahlen. Der Schuldturm droht.

Die Mitwirkenden: der alte Mann, seine Tochter, der Wucherer
Ort der Handlung: irgendwo draußen im Freien

Der WUCHERER

hält dem Alten ein ganzes Bündel Schuldscheine vors Gesicht:	"Hier sind alle Deine Schuldscheine! – Du kannst nicht einmal einen von ihnen einlösen. Ich sollte Dich in den Turm werfen lassen!
sieht mit gespieltem Mitleid zur Tochter hin:	Aber Deine hübsche Tochter tut mir leid. Sie könnte meine Frau werden, dann wärest Du Deine Schulden los. – Ich weiß: sie mag mich nicht ...
mit der Miene eines Biedermannes:	Aber ich will Dir und ihr eine Chance geben: Ich werde zwei Steine in meinen Händen halten, einen schwarzen und einen weißen. Errät sie die Hand mit dem weißen Stein, ist sie mich auf ewig los und ich erlasse Dir außerdem Deine Schulden. Findet sie aber den schwarzen Stein, muß sie mich heiraten, – und die Schulden

bleiben dann sozusagen in der Familie."

Er bückt sich und hebt zwei schwarze Steine auf.

Das MÄDCHEN

hat eine Sekunde lang entsetzt die Augen geschlossen, öffnet sie aber so rechtzeitig, daß sie noch sieht, wie sie betrogen werden soll.

Sie weiß, daß sie das böse Spiel zuende spielen muß. Würde sie versuchen, den Betrug aufzudecken, müßte der Vater unweigerlich in den Turm!

Der WUCHERER

hält ihr die beiden geschlossenen Hände entgegen:

"Wähle sorgfältig!"

Wie muß das Mädchen handeln, damit die Sache für sie und den Vater doch nocht gut ausgeht?
Versuchen Sie zunächst selbst, das Drehbuch zuende zu schreiben.

Geben Sie diese Aufgabe dann einer Arbeitsgruppe mit schon recht reifen Mitarbeitern.
(Die Geschichte spielt, die Rechtssituation und alle anderen Umstände zeigen das, in 'alter Zeit'. Trotzdem ist es nicht nötig, die handelnden Personen auch in altertümelnder Sprache sprechen zu lassen. Die Aufgabe ist ohnehin schwierig genug!
Geben Sie den Lernenden für ihre Lösung ein Blatt vor, das so geteilt ist, daß Regieanweisungen und Dialogtext in verschiedene Spalten geschrieben werden können.)

Übrigens: Wer eine gute Lösung gefunden hat, der soll sie – nach seinem Drehbuch – den Gruppenmitgliedern vorspielen!

(Einen Lösungsvorschlag finden Sie auf der Seite 136.)

4.5.5 Sind Streichholzaufgaben 'mathematische' Aufgaben?

Die meisten Menschen versuchen sie zu lösen, indem sie sich ein 'Bild' bestimmter Hölzchen-Gruppierungen machen. Das geht oft genug gut. Es ist eine intuitiv-probierende Form der Lösung, durchaus richtig im Sinne von Kreativität. Man kann in solchen Aufgaben aber auch 'Probleme' sehen, für deren Lösung ein beschreibbarer, —▷ nachvollziehbarer, ein 'mathematischer' Weg gefunden werden soll.

Streichholzaufgaben – als Problemlösungen – sind nicht bei jedermann sonderlich beliebt. Sie wirken immer steril, gekünstelt. Aber jetzt brauchen wir eine ganz bekannte Streichholzaufgabe, um einen wichtigen Begriff zu klären und einen nützlichen Erkenntnisschritt vorzubereiten.

Die Aufgabe lautet:

Setze in dieser Figur drei Streichhölzer so um, daß statt der fünf abgebildeten nur noch vier gleiche Quadrate entstehen.

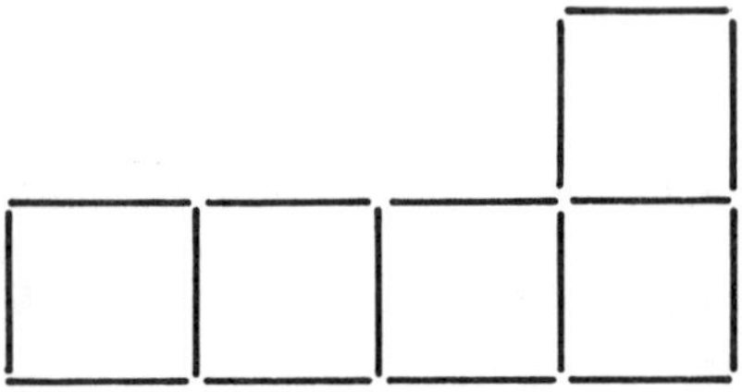

Damit uns diese keineswegs schwierige Aufgabe bei der Analyse von Problemlösungs-Vorgängen weiter hilft, sollen Sie außerdem versuchen,

> *eine 'Regel', ein strukturelles 'Prinzip' zu entdecken, das uns sozusagen 'mathematisch-folgerichtig' ein paar wichtige Schritte auf dem Lösungsweg voranbringt und das – übertragen – nicht nur für viele weitere Streichholzaufgaben nützlich sein dürfte (—▷ unser Transfer-Problem!).*

Sie können sich jetzt
- entweder gleich an die Arbeit machen, ohne das unten Angemerkte zu lesen,
- oder auf der Seite 137 nach der Lösung sehen und dann versuchen, die 'Regel' zu entwickeln,
- und schließlich zunächst an der Entwicklung der 'Regel' und danach an der Lösung der Aufgabe arbeiten.

Für diesen dritten Weg geben wir Ihnen ein paar Hilfen, mit denen sie immer näher an die Struktur solcher Aufgaben herangeführt werden. Dabei ist die Such- bzw. Denkrichtung besonders wichtig.

Vielleicht bringt Sie schon der erste Anstoß auf den 'richt'igen Weg:

a.) zählen Sie zunächst einmal alle verwendeten Hölzer. - -
Ist das erste Licht aufgegangen? – Noch nicht, – dann
b.) stellen Sie fest, wieviele Quadrats e i t e n dargestellt sind (– und lassen Sie's langsam auf der Zunge zergehen!) - - Noch immer nicht?
Sehen Sie sich die Figur bitte noch einmal ganz genau an und beantworten Sie die Fragen:
c.) Sind alle (Quadrat-)Seiten 'gleichwertig'? - - oder
d.) haben einige Seiten etwa eine Doppelfunktion?

Wenn Sie bis hierher weiterlesen mußten, dann haben Sie schon bei a.) etwas für unsere 'Regel' besonders Wichtiges übersehen, denn b.) und c.)/d.) haben als Fragen nur noch eine unterstützende Funktion.
Sie haben 16 Hölzer gezählt; – und die geforderten v i e r Quadrate werden genau 16 Seiten haben (b.)). In unserer Abbildung der fünf Quadrate sind also nicht alle Quadratseiten 'gleichwertig' (c.)), denn die 'Innen'seiten haben Doppelfunktionen; sie sind Seiten von je zwei Quadraten (d.)).

Wenn aber vier Quadrate 16 Seiten haben und 16 Streichhölzer verbaut werden sollen, darf k e i n Streichholz – als Seite – eine Doppelfunktion haben!

Das ist die Regel, das strukturelle Prinzip, das für die Lösung zu entdecken und nach der Aufgabe zu formulieren war. Damit ist die Streichholzaufgabe noch nicht gelöst. Offen bleibt, w i e die Doppelfunktion wichtiger (Innen-)Seiten aufgelöst werden kann. (Damit ist Ihnen wieder eine ganz kleine Hilfe angeboten worden!)
Die Denkhilfen a.) - d.) sollten eine Bau-Gesetzmäßigkeit (—▷ Struktur) offenlegen. Übertragbar auf ähnliche Aufgaben bleibt dabei vor allem die V o r g e h e n s w e i s e: zu prüfen ist, ob es weiter hilft, zunächst das Verhältnis von zur Verfügung stehendem Material (—▷ Streichhölzer als 'Seiten') und benötigten 'Grenz'linien (= Seiten) festzustellen. (Und wenn Ihnen die Lösungen jetzt noch immer nicht eingefallen sind, müssen Sie eben auf der S. 137 nachsehen.)

Zuletzt noch ein Vorschlag zur Problem-Veränderung:
Wie könnte die Lösung aussehen, wenn nicht ausdrücklich vier g l e i c h e Quadrate entstehen sollen?

Halten wir schließlich fest:
Unsere Aufgabe war gerade eben schwierig genug (oder leicht genug), ein durchgängiges Struktur-, besser: Bauprinzip für vergleichbare Aufgabenstellungen zu erschließen. Hilfen zum Feststellen der 'Regel' bestanden darin, daß Denk r i c h t u n g e n

aufgezeigt wurden. Dabei kann die schließlich entdeckt 'Regel' bei der Lösung der Problemaufgabe zwar helfen, nimmt sie aber nicht vorweg.
Das Zusammen-Denken ('Assoziieren') bestimmter Zahlenverhältnisse – 16 : 4 – mit der 'Wertigkeit' von Bauteilen (→ Innenseiten/Doppelfunktion) ist ein durchaus kreativer Vorgang. Und der Aufbau der Lösungsfiguren ist ein bescheidener zweiter.
Übrigens kann man die Streichholzaufgabe auch umkehren, sie also so stellen, daß aus gegebenen vier Quadraten fünf entstehen sollen. Allerdings ist dann der Prozeß einer Regelfindung/-ableitung sehr viel schwieriger. Wenn man hinzusehen gelernt hat, wird die Doppelfunktion der Innenseiten in der vorgelegten Aufgabe deutlich 'sicht'bar. Sie müßte in der Umkehr-Variante g e d a c h t werden! Und wir 'stolpern' nun einmal am ehesten über 'Dinge', die sichtbar herumliegen.

4.5.6 Gleich noch einmal: 'Spiel mit Streichhölzern' und eine weitere Dimension.

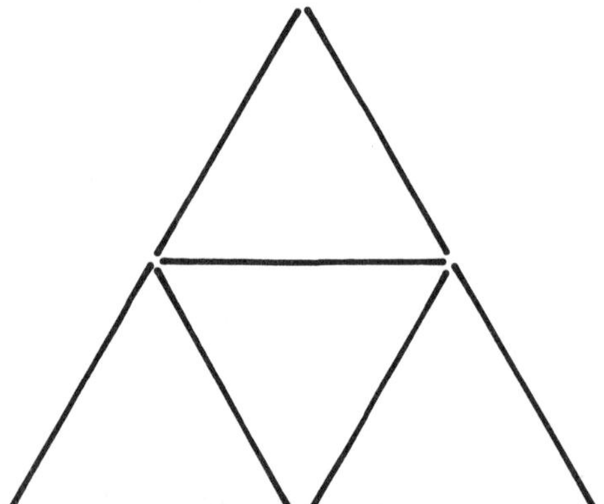

Abb. 19

Warum ist die Aufgabe

Baue die Figur der Abbildung 19 so um, daß drei Stäbe weggelassen werden können und trotzdem vier gleichseitige Dreiecke entstehen!

so schwierig?

Warum bleibt sie auch dann noch widerborstig, wenn man versucht, nicht 'aus der Vorstellung' zu arbeiten, sondern tatsächlich mit Stäben, mit Streichhölzern o.ä. zu hantieren?

Nun – ein Zufall kann zu Ihrer Lösung wenig helfen.
(Gemeint ist natürlich nicht jene plumpe Zufälligkeit, die eine Lösung fix und fertig präsentiert, sondern der Anstoß zu einer Einsicht, der zufällig im genau richtigen Augenblick 'eingreift', (z.B.)
- ein unbeabsichtigter Stoß gegen einen der beiden herunterhängenden Drähte (Aufgabe 4.3.7), der diesen ins Schwingen bringt...
- die Lage eines der beiden Balken 'genau über Eck' beim Herumschieben auf der Zeichnung zur Aufgabe 4.1.2.

Und auch bei solchen Zufällen ist dann immer noch entscheidend wichtig, daß der Problemlöser die Chance erkennt, die ihm der Zufall zufallen läßt!

Wie gesagt: Bei der Lösung unserer zweiten Streichholzaufgabe dürfen wir mit einem solchen glücklichen Eingriff nicht rechnen. Er ist 'technisch' höchst unwahrscheinlich.

Untersuchen wir stattdessen den Aufgabentext noch einmal sehr genau. Er enthält – zumindest für den Kundigen – zwei wichtige Hilfen. Da heißt es einmal, die Figur soll umgebaut, und nicht, die Stäbe sollten umge'legt' werden. Und vielleicht 'rastet' etwas ein, wenn wir von "vier gleichseitigen Dreiekken" lesen. - - Noch nicht?
Es gibt einen geometrischen Körper*...

(Falls es noch zu schwierig ist: die Lösung finden Sie auf S. 138.)

4.5.7 Das Schemelbein

Es könnte so aussehen, als träten technische Probleme vor allem in der modernen Hochtechnik auf. Das ist keineswegs so. Unsere letzte technische Aufgabe stellt eine Problemlösung vor, die aus dem Handwerk stammt, und zwar aus einem Handwerk, das heute nur noch ganz wenige Handwerksmeister betreiben: aus der Tischlerei, Fachrichtung Stuhlmacher.

* Die Geometrie ist jener Zweig der Mathematik, der sich mit den Gebilden der Ebene und des Raumes befaßt.
Eine in der Abbildung oben nicht erkennbare Dimension/→ Erstreckung wird angesprochen: Die gesuchte Figur kann sich auch 'in den Raum' ausdehnen!

Wir stellen Ihnen die Aufgabe in der Originalfassung vor, mit der sich unsere Arbeitsgruppe beschäftigt hat, also nicht in strenger Fachsprache. Die Schnittzeichnung können Sie inzwischen lesen (– jedenfalls dann, wenn Sie gewissenhaft an allen Aufgaben gearbeitet haben, in denen schon bisher solche Zeichnungen verwendet worden sind).

Abb. 20

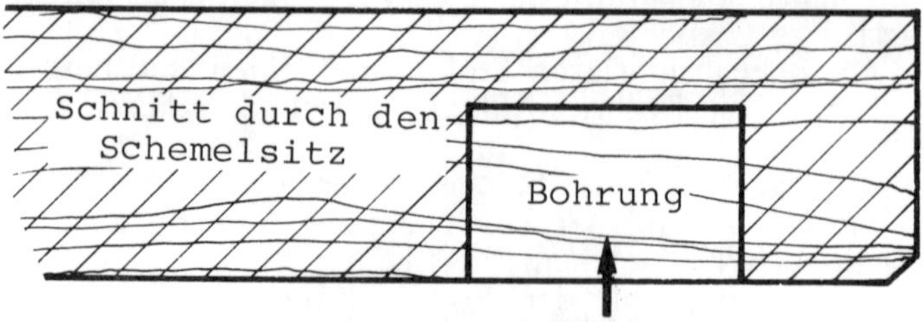

Bei Frau Boltes Gartenschemel hat sich ein Bein gelöst.
Der Meister ruft den Lehrling: "Es ist herausgefallen, weil die Leimung nicht gehalten hat. Merke Dir: Beim Leimen müssen die Teile, die miteinander verleimt werden sollen, mit großem Druck aneinandergepreßt werden! Also – wenn Du das Bein wieder einsetzt, gib reichlich Leim an und außerdem ordentlich . . . . !"
Dann geht er – und grinst vergnügt. Der Lehrling besieht sich die Aufgabe (—▷ die Zeichnung zeigt sie). – Will ihn der Meister veralbern?

Für alle diejenigen unter Ihnen, die wenig oder gar nichts mit der Tischlerei zu tun haben, ist unsere Aufgabe ein echtes Problem. Aber sogar technisch recht gut vorgebildete Menschen haben ziemlich ratlos vor dieser Aufgabe gestanden. Deshalb geben wir Ihnen schon vor ab ein paar Hinweise, die Ihnen die Richtung für weitere Überlegungen andeuten sollen:

- der Meister meint, die zu verleimenden Holzteile müßten mit großem Druck aneinander gepreßt werden. - - Sie sollten also darüber nachdenken, wie dieser Anpreßdruck erzeugt werden kann;
  - durch Klemmen und Zwingen? – Nein!
- Erwägen Sie bitte alle Möglichkeiten, Anpreßdruck zu erzeugen, – Innendruck in unserem Falle!

Jetzt haben wir Ihnen aber genug geholfen.

(Die Lösung steht auf Seite 138.)

4.5.8 Kennen Sie die Neun-Punkte-Aufgabe?

Es ist eine geradezu 'klassische' Problemlösungsaufgabe. Wenn Sie sie nicht kennen, dann sollten Sie nun einen interessanten Versuch mit sich selbst machen. Er ist schwierig, – deswegen warnen wir Sie hiermit ausdrücklich.
(Wenn Sie die Aufgabe kennen, machen Sie das kleine Experiment vielleicht trotzdem. Es eröffnet eine ganze Reihe interessanter Einsichten.)

Sehen Sie sich bitte die beiden Punktgruppen der Abb. 21 a und 21 b genau an; es sind je neun Punkte. Und in beiden Gruppen sollen alle neun Punkte mit (nur) vier geraden Linien verbunden werden, die in einem Strich ('ohne abzusetzen') gezogen werden können.

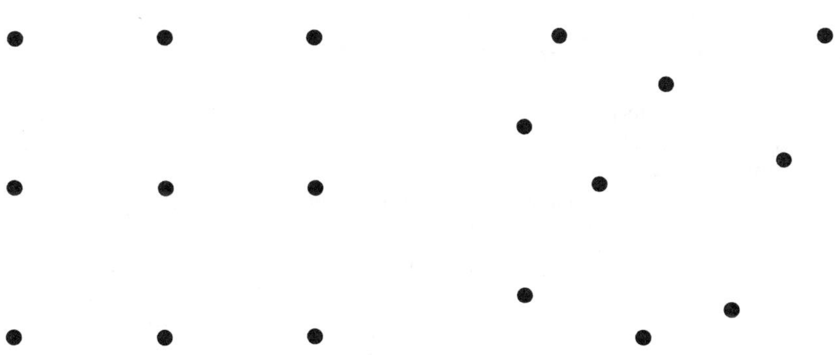

Abb. 21a/b

Das Experiment, zu dem wir Sie auffordern wollen, besteht nun darin, daß Sie versuchen sollen, beide Lösungen sozusagen n e b e n e i n a d e r her zu bearbeiten. Sie sollen festzustellen versuchen, welcher Lösung Sie schneller nahe kommen, welche Ihnen leichter fällt. Vielleicht helfen Ihnen dann sogar Einsichten aus der einen bei der Arbeit an der anderen Lösung!

Dazu noch eine Zwischenfrage:
Haben Sie beim Versuch, die Aufgabe mit den ungeordneten Punkten (Abb. 21 b) zu lösen, ein Hilfsmittel gebraucht (die gerade Kante eines Papierblattes etwa oder Ihren Bleistift)? Wollten Sie damit feststellen, welche drei oder gar vier (?) Punkte auf einer Geraden liegen?
Wieso eigentlich drei? - - Bitte überlegen Sie einmal, wieso Sie gerade auf 'drei' kommen? Etwa, weil in der Parallelaufgabe je drei Punkte tatsächlich immer genau in einer Linie liegen? Oder weil die Aufgabe 'rein rechnerisch' unlösbar wäre, wenn man immer nur zwei Punkte mit einer Geraden verbinden könnte (2 · 4 = 8)? – Haben Sie sich vom 'Bild' der anderen Aufgabe anstecken lassen, oder haben Sie kühl und überlegt Ihre epistemische Basis befragt?

Sie wollen wissen, warum Sie diesen Versuch machen sollten?
Wahrnehmungs-psychologisch ist die Aufgabe 21 a vielfach untersucht worden. Sie wird vor allem dadurch schwierig, daß sich die neun Punkte zu einem nahezu vollkommenen 'Bild' zusammenfügen, zu einer 'Ordnung', aus der wir Menschen nur sehr ungerne 'heraus'denken. Aber wenn wir mit den vier Verbindungslinien i n n e r h a l b der Figur bleiben wollen, wenn wir den imaginären Rahmen um das Neun-Punkte-Quadrat nicht sprengen mögen, bleibt die Aufgabe unlösbar.
Die zweite Punkte-Gruppe ist nicht so eindeutig 'geschlossen'. Ist es Ihnen leichter gefallen, aus der Figur herauszuzeichnen?

Und lesen Sie bitte noch einmal den zweiten Satz in der Einführung zu dieser Aufgabe: Haben Sie soeben an einer e c h t e n Problemlösung gearbeitet?

(Lösungen auf der Seite 140.)

4.5.9 'Sei spontan!' (- über Paradoxes)

Während die Aufgaben 'Bilder ordnen', 'Unser täglicher', 'Rattenfänger 19...' und 'Immer der Nase nach' Ihre und der Lernenden sprachliche Fähigkeiten fordern, die Fantasie beflügeln und Mut zu lockerem (- nicht 'losem'!) Umgang mit der Sprache machen sollten, braucht der Lehrende(!) für die 'Federball'-Aufgabe einige psychologische Vorkenntnisse, mit denen es bei Heranwachsenden nicht weit her sein kann, und das Drehbuchproblem ('Der Wucherer und das Mädchen') fordert die List einer vertrackten Logik. Für junge Menschen ist es deshalb recht schwierig.

Ans Ende unserer Übungsreihe stellen wir nun eine Aufgabe, für deren Lösung ein ganz ausgeprägtes Sprachgefühl und/oder philosophische Grundeinsichten gefordert werden. Es ist eine jener Aufgaben, die erst zur Aufgabe werden, wenn sie 'gestellt' werden, anders: wenn man sich ihnen stellt. Soll heißen: wir reden oft in bestimmten Floskeln daher, denken uns wenig oder nichts dabei und werden - manchmal - erst nach-denklich, wenn wir genau wissen wollen, was sie verlangen.

Manchmal? - Ja, und ganz sicher nur dann, wenn wir noch oder wieder ausreichend sprach-, besser: problemsensibel sind.

Im Eingangskapitel zu diesem Buche haben wir Sie aufgefordert: sei kreativ! Schlagen Sie bitte einmal ausnahmsweise nicht dorthin zurück, jedenfalls zunächst nicht, wenn wir Sie nun auffordern:

Analysieren Sie die 'klassische Paradoxie' (nach WITTGENSTEIN):*

"Sei spontan!"

Sie wissen noch einiges von dem, was vorne über Paradoxien gesagt worden ist. Eine Analyse von 'sei spontan!' wäre als Aufgabe alleine für Sie also wahrscheinlich zu simpel. Deswegen sollen Sie außerdem versuchen,

diese Aufforderung in eine möglichst kurze, n i c h t p a r a d o x e Form zu bringen.

(Einen Lösungsvorschlag dazu finden Sie auf der Seite 140.)

Der (lat.) Begriff 'spontan' wird ebenso wie der (griech.) Begriff 'Paradoxie' im Glossar ein wenig erläutert.

* LUDWIG WITTGENSTEIN (1889 - 1951), Vertreter der sprachanalytischen Philosophie

5 Schlußbetrachtungen

5.1 Zum Stil der 'kreativen Aufgabe'

Sie wollen sich mit den wenigen Aufgaben nicht zufrieden geben, die Ihnen diese Sammlung anbietet. Und weil wir von möglichst Vielem etwas bringen wollten, konnten wir vom jeweils Besonderen nicht genug vorstellen. Wie sieht nun die bestgeeignete Aufgabe in einer von Ihnen selbst angelegten bzw. erweiterten 'Schule der Kreativität' aus?

1. Äußerliches: Sie muß sorgfältig gefaßt sein. ('Es gibt keine guten oder schlechten Probleme, nur sorgfältig oder weniger sorgfältig beschriebene.' - und das ist eine Aufgabe des Spracheinsatzes!)

2a. Geführte Lösung: Sie gelingt am besten in Aufgaben, in denen nur eine Lösung möglich ist. Für Anfänger ist die Gedanken'führung' hilfreich, mitunter unbedingt notwendig, aber auch fortgeschrittene Aufgabenlöser kehren gerne immer wieder einmal zur stringenten (- wie am roten Faden ablaufenden) Lösung zurück. An Aufgaben aus der Mathematik und den Naturwissenschaften kann die geführte Lösung am besten geübt werden.

2b. offene Lösung: = mehr oder weniger verbesserungsbedürftig (→ optimierbar). Sie fordert einen zweiten kreativen Schritt.

Alle Lösungen in Sprachaufgaben, aber auch viele 'technische' Lösungen sind 'offen'. Damit sie nicht auseinanderlaufen und unvergleichbar werden, müssen solche Aufgaben ganz besonders sorgfältig überdacht und formuliert werden.

Beachten Sie bitte auch alles, was über den Einsatz von Lösungshilfsmitteln, Medien usw. in diesem Buch gesagt worden ist.

(Diese kurze Anmerkung hat für Sie nichts Neues gebracht. Wir wollten nur längst Bekanntes ein wenig zusammenfassen.)

5.2 Wir sind auf das Verhältnis von Intelligenz und Kreativität nicht näher eingegangen. Es bleibt jedenfalls noch für längere Zeit Gegenstand der lernpsychologischen Forschung. Einflüsse, Abhängigkeiten sind zweifellos erkennbar. Sie sind vielleicht dort am deutlichsten, wo 'eine gewisse Intelligenz'

dazu gebraucht wird, das unbedingt notwendige Grundwissen (die epistemische Basis) zusammenzutragen und zu organisieren, zu strukturieren.
Die Grafik Abb. 22, die wir wie eine letzte Ermutigung an den Schluß unserer "Schule der Kreativität" stellen, zeigt eine interessante Wechselwirkung von Intelligenz und Kreativität bzw. kreativem Verhalten:

Sein höchstes *Intelligenzniveau* (als —▷ Leistungs-Fähigkeit) erreicht der Mensch um sein 20. Lebensjahr herum. Bei vielen Menschen sinkt diese Leistungsfähigkeit nun allmählich wieder ab, es sei denn, sie beschäftigten sich weiterhin vor allem mit Aufgaben, die ihre Intelligenz ständig herausfordern (▰▰▰ Intelligenz).
Die Kurve für das *Kreativitätsniveau* steigt langsamer als die 'Intelligenz'kurve und erreicht ihren Scheitelpunkt im allgemeinen erst zwischen dem 30. und dem 40. Lebensjahr. Dann sinkt sie nur ganz allmählich wieder ab. Bei einigen Menschen jedoch steigt diese Kurve sogar ständig weiter (░░░ Kreativität).

Weil Kreativität (auch) von einer gut funktionierenden Basis des Grundwissens abhängig ist und weil diese Basis erst angelegt werden muß, allmählich, weil schließlich diese Entwicklung von der Entwicklung der Intelligenz (mit-)abhängig ist, entsteht die deutlich erkennbare Zeitverschiebung zwischen Intelligenz und Kreativität. Wenn dann aber eine 'Basis' vorhanden ist, wenn Such- und Erkennensvorgänge organisiert und hochfunktionsfähig sind und sich ggf. selbst verbessern und —▷ verstärken, dann kann eigentlich nur noch geschehen, was wir schon bei 2.2.2 erwähnt haben und nun ergänzen:

Der Kreative ist ständig und s e h r l a n g e kreativ!

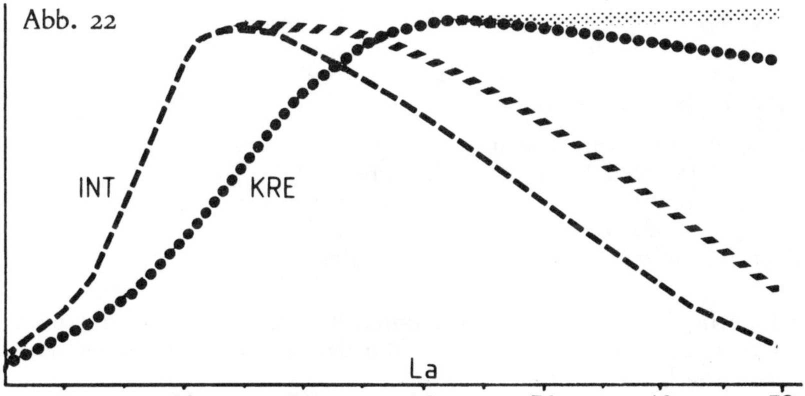

unus lapis facit firnicem, ille qui latera inclinata cuneavit et interventu suo vincit. summa adiectio quare plueimum facit vel exigna?
quia non anget, sed implet.

Ein einziger Stein macht den Bogen – jener, der die gegeneinander geneigten Steine verkeilt und durch sein Dazwischentreten zusammenhält. Warum macht diese letzte Hinzufügung so viel aus, auch wenn sie nur minimal ist?
Weil sie nicht vermehrt, sondern vollendet!

Erinnern Sie sich, wo Sie auf einen wichtigen Beitrag gestoßen sind, zu dem die Sentenz paßt, die das Kapitel "Lösungen" einleiten soll?
Auch Lösungen sind Schlußsteine.

6 Die Lösungen

1.2 (Einführung) Zugmittelgetriebe 1

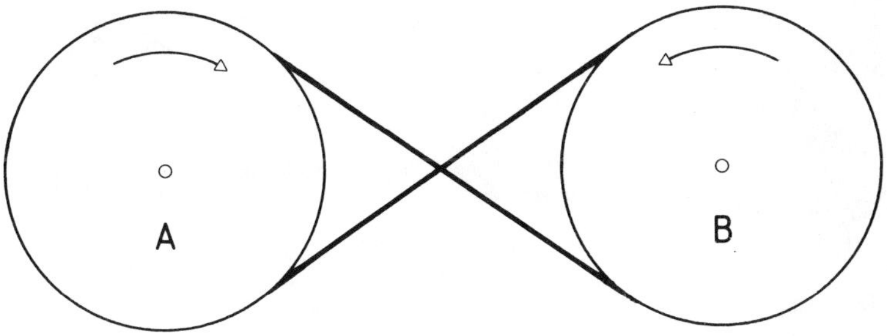

Abb. 23

4.1.2 Die Dracheninsel

Lösung 1

Abb. 24

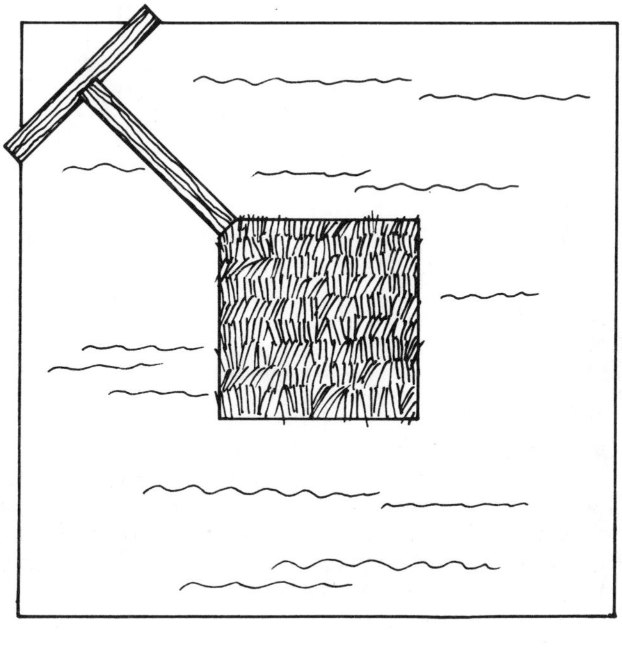

Lösung 2 (runde Insel)

Abb. 25

4.1.5 Bolzplatz

Jede Lösung ist richtig, mit der eine systematische Teilung der abzusuchenden Fläche gelingt, also etwa

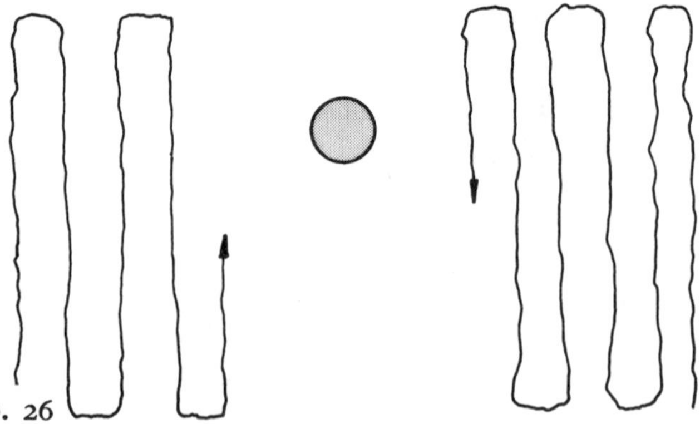

Abb. 26

4.1.7 'Unser täglicher ... '

(Die richtige Satzfolge und weitere Verbesserungen:)
Gestern nachmittag kam es im dichten Feierabendverkehr gegen 17.35 zu einem schweren Auffahrunfall. Obwohl die Ampel an der Kreuzung Hauptstraße - Breitestraße eben auf "Rot" umsprang, versuchten zwei Pkw noch, die Kreuzung zu überqueren. Als dann das >nachfolgende<

(richtig: *das erste*) Fahrzeug auf der regennassen Straße doch noch bremste, wurde es vom >ersten< (richtig: *vom nachfolgenden*) Wagen gerammt und auf die Querspur gedrückt. Dort fuhr ihm ein Fahrzeug des Querverkehrs >rechts< (richtig: *links*) in die Seite. Der Fahrer wurde dabei erheblich verletzt. Schon 10 Min. später, um 17.45 Uhr, war das Unfallkommando der Verkehrspolizei am Unfallort. Um den Unfall aufnehmen zu können, mußte die gesamte Kreuzung für etwa 40 Min. gesperrt werden.

Auch ein Krankentransport-Fahrzeug war schnell zur Stelle. Der verletzte Fahrer wurde gegen 18.15 Uhr auf der Unfallabteilung des Kreiskrankenhauses eingeliefert. Alle am Unfall beteiligten Fahrzeuge mußten abgeschleppt werden. Der Unfallort war gegen 18.25 wieder geräumt.

4.2.1 Gleichgewichtsprobleme

Haben Sie richtig geschätzt: genau zehn mal! Prüfen Sie das bitte nach! Mit dem Arbeitsschema S. 71 dürfte Ihnen das nicht schwerfallen!

4.2.2 "Störe meine Kreise ... "

Sind Ihnen ein paar lustige Lösungen eingefallen?
(aus einem Kreis:) Monokel / Glühbirne / Luftballon / Fabrikschornstein von oben / Tennisball / Hula-Hoop-Reifen von oben / ...
(aus zwei Kreisen:) Roller / Brille / Hantel / ...

4.2.3 'Immer der Nase nach'

Hier sind zehn Redensarten, von denen Ihnen möglichst viele/alle schon längst eingefallen sein könnten – oder vielleicht müssen Sie wirklich

- mit der Nase darauf gestoßen werden, müssen sie Ihnen
- unter die Nase gerieben werden?

Rümpfen Sie die Nase nicht, wenn Sie mehr Begriffe gefunden haben als der Nachbar, tragen Sie sie nicht zu hoch, sonst könnten Sie noch eins auf die Nase kriegen und müßten dann mit hängender Nase abziehen.
Sollten Sie eine Stupsnase besitzen, müssen Sie nicht unbedingt häufig einen Nasenstüber abbekommen haben, aber Sie könnten sich dann weniger leicht an der eigenen Nase ziehen/an die eigene Nase fassen noch jemandem eine Nase drehen.
Genau zehn!

4.3.2 Drehsinn/Drehrichtung

Die Regel, die Sie entwickeln sollten, lautet:

In Reibrädergetrieben (– und auch in Zahnrädergetrieben) mit g e r a d e r Anzahl drehender Teile (→ Räder) dreht das Abtriebsrad g e g e n s i n n i g zum Antriebsrad;
in Reibrädergetrieben mit ... (– aber das können Sie nun wirklich selbst!).

Und die zweite Regel, die Sie hoffentlich gleich mit-entdeckt haben:

Die Größe der Räder und ihre konstruktive Anordnung im Getriebe spielt für den Drehsinn k e i n e Rolle.

4.3.3 Ketten-/Zahnriementrieb

Ein weiteres Zahnrad wird a u ß e n am Getriebe angebaut. Es läuft gegensinnig.

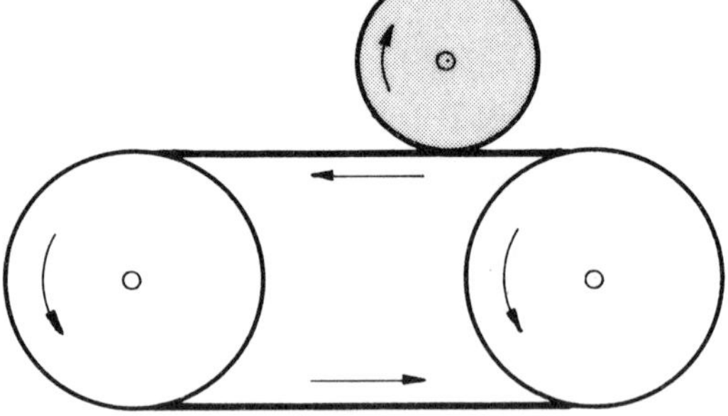

Abb. 27

Das gilt uneingeschränkt für die Aufgabe a.). Hoffentlich sind Sie bei der Betrachtung der Zeichnung zu b.) über die Bezeichnung "einseitig" (Zusatz bei "Zahnriemen") gestolpert. Mit einem solchen e i n s e i t i g gezähnten Riemen können Sie natürlich ein außen angebautes weiteres Zahnrad nicht antreiben. Sie müssen ihn also zunächst gegen einen d o p p e l s e i t i g gezähnten Riemen austauschen.
Die Lösung der Aufgabe b.) ist also deshalb schwieriger als die Lösung zu a.), weil nicht nur ein zusätzliches Bauteil eingebaut, sondern ein weiteres Bauteil wesent-lich verändert werden muß. Und nur wenn Sie beim Lesen von "einseitig" ganz hellwach geworden sind, hat Ihnen dieser Hinweis vielleicht sogar – geholfen? Wenn man hingegen eine solche zusätzliche Maßnahme nicht als 'möglich'

mitdenkt, bleibt für den Anbau eines zusätzlichen Rades nur der Innen'raum' des Getriebes. Dort aber kann eine gegensinnige Drehbewegung nicht abge'leitet' werden.

Im Zusammenhang mit dieser Aufgabe haben wir Ihnen anheim gestellt, den Begriff "Drehsinn" zu vergessen. Haben Sie ihn vergessen?
Wenn nicht, dann liegt das wohl daran, daß solche Einzelheiten, im Lösungszusammenhang mit einer Problemaufgabe gelernt, von unserem Gedächtnis besonders lange bewahrt werden.
Schöne Aussichten!

4.3.5 Drachensteigen

Abb. 28

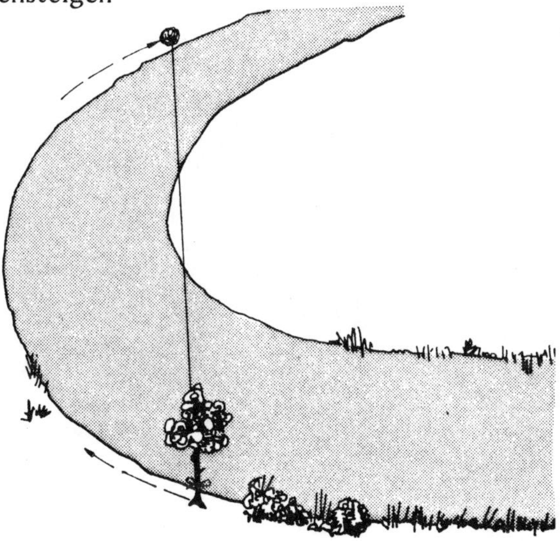

Den Text zu dieser Zeichnung stellen Sie sich bitte selbst zusammen.

4.3.6 Bilder ordnen / Begriffe und Oberbegriffe

(Ordnungsgesichtspunkte:)
bewegen sich im Wasser
bewegen sich in der Luft
Sportgeräte - Spielgeräte - Lebewesen - hergestellte Gegenstände
Lebewesen / Gegenstände mit Schwanz
(Lebewesen) die sich selbst bewegen können - (Gegenstände) die angetrieben werden müssen . . .

4.3.7 Das DUNCKER-Problem

Wie es sich für eine echte Problemaufgabe gehört:
mit altvertrauten Mitteln, routinemäßig ist diese Aufgabe nicht zu lösen. Nur wenn der Handwerker beim Anschauen seines Handwerkzeugs (z.B.) seine Gedanken 'schweifen' läßt (—▷ divergentes Denken), kann ihm der lösende Einfall kommen, denn

> *ein Hammer ist zum Hämmern da, —*
> *aber er kann — wie auch die Zange, ein Schraubendreher und noch manches andere Werkzeug — zum Pendelgewicht werden. Wenn das jetzt senkrecht von der Decke hängende Leitungs-Ende aber kräftig auf ihn zu pendeln würde, könnte es der Handwerker leicht greifen.*
>
> *Also: den Hammer an die freihängende Leitung knüpfen und ...*

Diesen Vorgang bezeichnen wir als "einen Gegenstand aus seinem ursprünglichen/gewohnten Beziehungszusammenhang heraus-denken". Das ist kennzeichnend für das Problemlösen!

4.3.8 Kipphebel

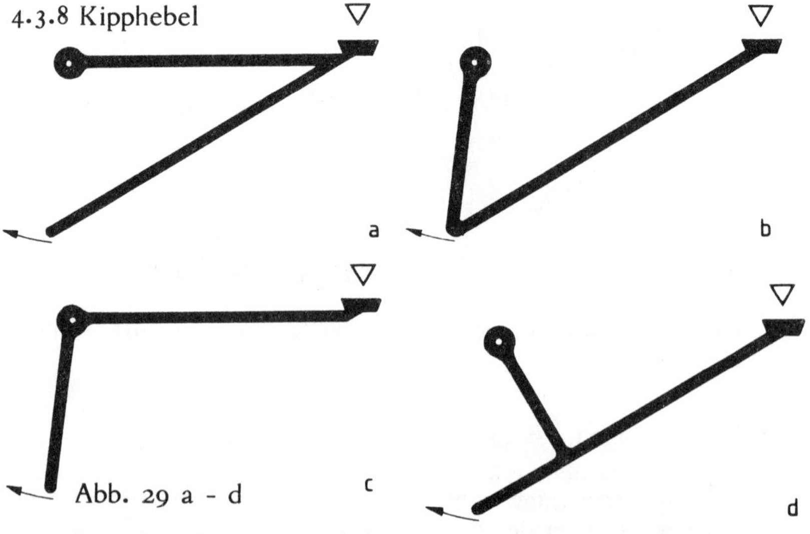

Abb. 29 a - d

Die drei Lösungen a/b/c sind klar aus dem Dreieck entwickelt worden (— je eine Seite entfällt; mit ihr mindestens zwei Schweißpunkte). Lösung d ist ganz anders — aber sie erfüllt die an einen Kipphebel zu stellenden Anforderungen besser als die Lösungen a - c.

4.4.1 Spiel mit der Diagonale

Die Seiten des Quadrats, dessen Diagonale ebenso lang ist wie die Längsseite eines DIN A4-Blattes, sind genauso lang wie die Schmalseiten des DIN A4-Blattes.
Das liegt am ausge'klügelten' Format dieser Blattreihe, also am Verhältnis von Lang- zu Schmalseiten. Es ist so errechnet worden, daß das jeweils größere Blatt (→ DIN A3 usw.) bei gleichem Seitenverhältnis genau den doppelten Flächeninhalt hat, – und natürlich die jeweils kleineren Blätter (DIN A5) den halben.

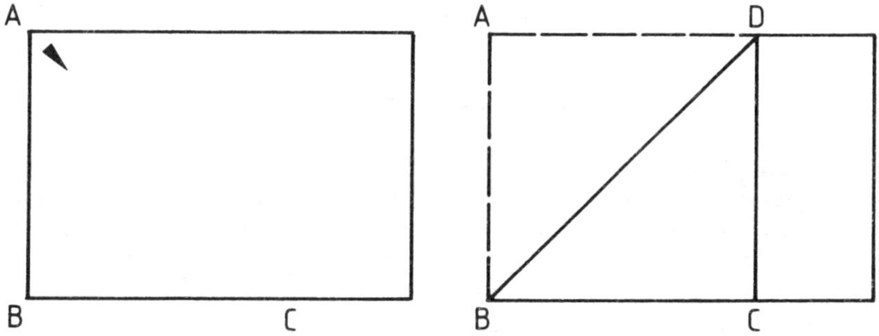

Abb. 30

Und so könnte der Lösungsweg aussehen:
Wir brauchen zunächst ein Quadrat, auf dessen Diagonale die Längsseite unseres DIN A4-Schreibmaschinen-Blattes aufgelegt werden kann. Wenn man die Blattecke genau auf den Diagonalen-Endpunkt legt, müßte irgendwo auf dieser Diagonale auch das Ende der Längsseite angezeichnet werden können.
Ein Quadrat faltet(!) man aus einem DIN A4-Blatt einfach dadurch, daß man den Punkt A zum Punkt C hinüberlegt, ganz sorgfältig, so daß sich die Kanten B - A und B - C genau decken. A-B-C-D ist dann ein Quadrat (Kantenlänge nachprüfen!), und wenn Sie die Faltlinie kräftig durchgeknickt haben, ist der Knick B-D die Diagonale durch dieses Quadrat. Auf diese Diagonale können Sie jetzt die Längskante Ihres zweiten Schreibmaschinen-Blattes auflegen.

Ganz einfach, nicht wahr!
Deswegen: Fächern Sie die einzelnen Informationen in der Aufgabenstellung sorgfältig auseinander und machen Sie sich von der beinahe selbstverständlichen Gewohnheit

frei, Längen stets in einer (gebräuchlichen) Maßeinheit anzugeben – man kann sie auch als 'Vergleich' darstellen (–▷ "genau so lang wie ... ").

4.4.2 Weltformel 'Pythagoras'

Zuerst brauchen Sie die geometrische Figur, an der PYTHAGORAS seine weltberühmte Formel entwickelt hat, das rechtwinklige Dreieck.

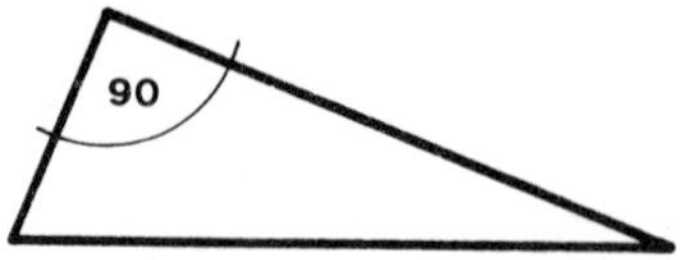

Wenn Sie unsere Aufgabe ganz korrekt lösen wollen, also wirklich die einfachste, sinnfälligste Darstellung suchen, müssen Sie nun das oben ganz 'beliebig' hingezeichnete Dreieck noch ein wenig 'zurechtrücken'. Die einzige Zahlen-Zusammenstellung, mit der unsere Aufgabe zu lösen ist, lautet nämlich

$a^2 /\!/ 3^2 \;+\; b^2 /\!/ 4^2 \;=\; c^2 /\!/ 5^2$ oder $9 + 16 = 25$.

Und die gesuchte grafische Darstellung sieht dann so aus

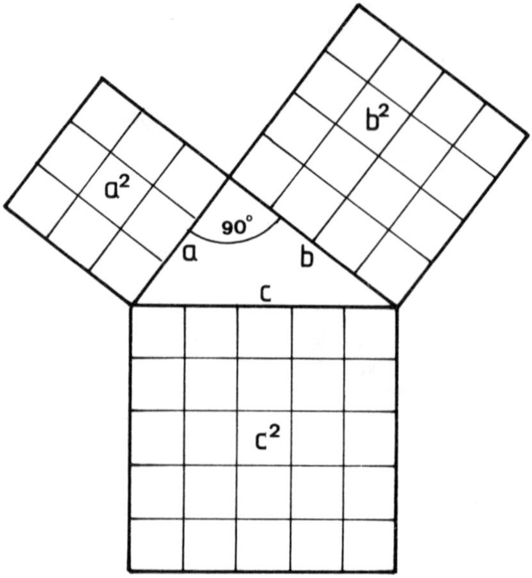

Abb. 31

4.4.5 Federball

Hier muß wohl nur für die letzte Frage etwas angemerkt werden:

"Zwei Menschen" - das können ein Junge und ein Mädchen sein, das kann der (Federball-)Lehrer mit seinem Schüler sein, die Mutter mit der Tochter, Vater und Sohn ... - und schon ändern sich die 'inneren Beziehungen' zwischen den beiden Spielern - und mit ihnen die Einstellung zum Spiel selbst.

Es lohnt sich durchaus, über solche Zusammenhänge auch mit Lernenden einmal nachzudenken!

4.4.7 Rollstuhl-Aufgabe

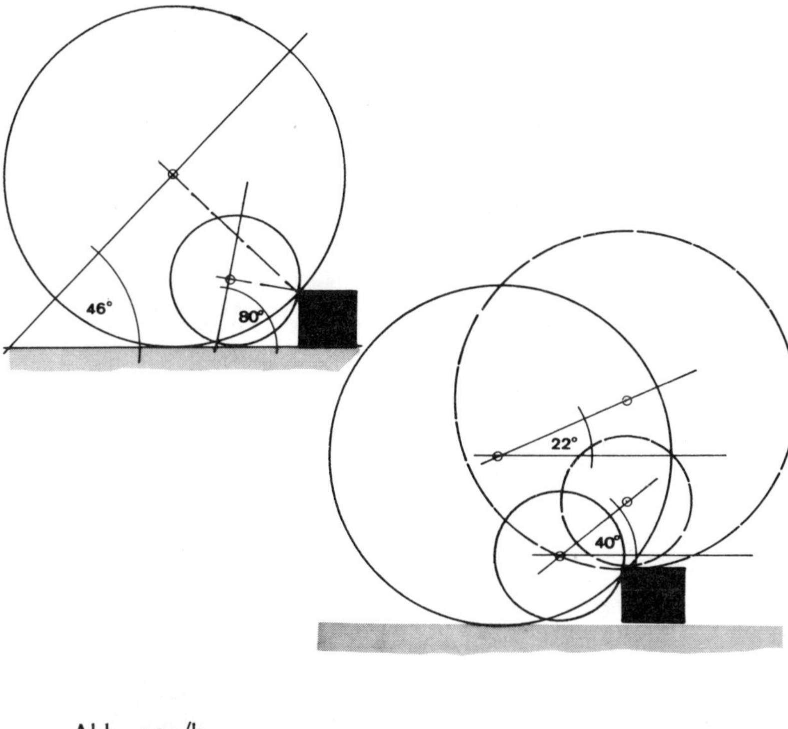

Abb. 32a/b

(Der Größenunterschied zwischen den Fahr- und den Stützrädern beim Rollstuhl ist weit auffälliger als der in unseren Abbildungen!)

4.5.1 Gleichgewicht 2

In beiden Behältern wird der Flüssigkeitsstand selbsttätig geregelt. Fließt zu viel Flüssigkeit zu, öffnet deren Druck gegen den Druck der Ventilfeder das Auslaßventil so lange, bis der 'eingestellte' Flüssigkeitsstand wieder erreicht ist. Dabei muß im Behälter b) der Flüssigkeitsstand niedriger sein als bei a), weil die Gewichtseinrichtung (– nicht nur das Gewicht!) zusätzlich an der Ventilfeder zieht.
Also:
den gleichen Flüssigkeitsstand in den Behältern kann man herstellen, wenn

1. die Gewichtseinrichtung vollständig abgebaut oder
2. die Ventilfeder so verstärkt wird, daß sie den Zug der Gewichtseinrichtung ausgleicht.

Die zweite Lösung ist technisch reifer, weil bei ihr die Einstellmöglichkeit für den Flüssigkeitsstand – durch verschiedene aufzulegende Gewichte – erhalten bleibt.

4.5.4 Drehbuch-Problem: Überlisteter Betrüger
Ein Lösungsvorschlag

Das MÄDCHEN

zögert eine kleine Weile. Dann legt sie ihre rechte Hand so über die linke des Wucherers, daß seine Hand verdeckt wird, wendet sich ab und sagt:

Großmütiger Herr – mein Mut verläßt mich! Ich mag nicht sehen, wie mein Schicksal entschieden hat!
Zeigt meinem Vater den Stein in Eurer Rechten. Der, den meine Hand verdeckt, ist dann mein Los!

Die Lösung des Problems liegt für das Mädchen darin, daß sie unter gar keinen Umständen einen der beiden Steine selbst aufdecken darf – denn es könnte immer nur ein schwarzer sein. Deckt allerdings der Wucherer einen Stein auf (den Nicht-Gewählten!), müßte 'ihr' Stein – nach den Spielregeln – weiß sein.

4.5.5 Streichholzaufgabe 1 : fünf oder vier Quadrate

Es gibt zwei gleichwertige Lösungen für unsere Aufgabe. Bei beiden wird deutlich, daß keine Seite (kein Streichholz) mehr eine Doppelfunktion hat: alle Seiten sind *Außenseiten* geworden (– darauf weist auch die 'kleine Hilfe' in der Besprechung der Bauregel zu unserer Aufgabe hin). Schwierig bei der gesamten Operation ist vor allem, daß ausgerechnet die Quadratseiten, an denen wir eine Doppelfunktion erkannt haben, *nicht* verändert werden dürfen!

Die Lösungsfiguren

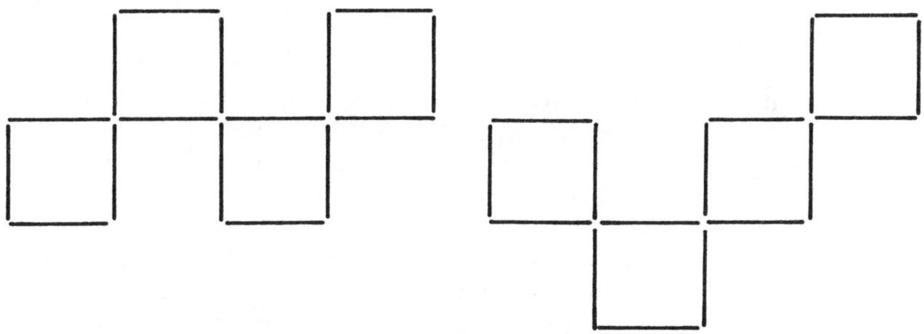

– und der Lösungsvorschlag für die Aufgabenvariante, bei der die Quadrate nicht gleich zu sein brauchen.

4.5.6 Streichholzaufgabe 2

Der Tetraeder ist die Figur mit den vier gleichseitigen Dreiecksflächen (– sie sind in unserer Abbildung natürlich stark verzeichnet!).
Es ist ungemein schwierig, aus ein paar losen Stäben eine dreiseitige Pyramide zusammenzubauen. Deshalb kann uns bei der Lösung dieser Aufgabe der Zufall kaum helfen. Wir müssen sie aus der Vorstellung lösen. Und wenn wir dabei die kleinen Hilfen übersehen, die uns der Aufgabentext gibt, dann wird die Lösung schon sehr schwierig.

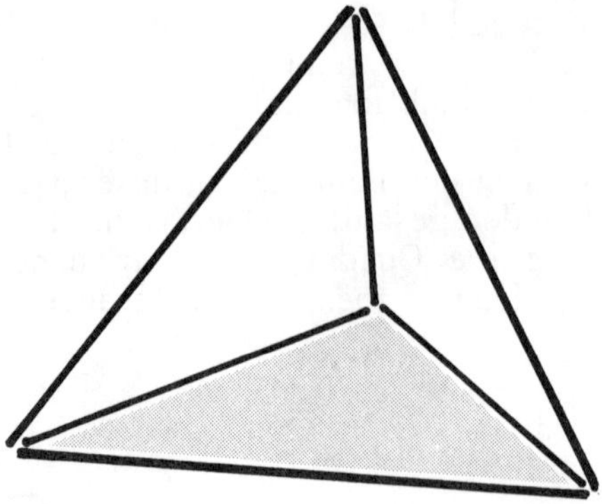

Abb. 33

(Wenn uns beim Hinweis auf die "vier gleichseitigen Dreiecke" der Tetraeder einfällt – sofort, oder auch ein bißchen später –, verdanken wir das einem beachtlichen Grundwissen: unserer epistemischen Basis.)
Übrigens: Haben Sie beim Lösen dieser Aufgabe an das hilfreiche "strukturelle Prinzip" gedacht, das wir in der Streichholzaufgabe mit den vier bzw. fünf Quadraten entfaltet hatten? – Selbst wenn Ihnen nicht mehr alle Einzelheiten und Zusammenhänge eingefallen sein sollten: eine gar nicht unbedeutende Transferwirkung hat es sicher gehabt, wenn Sie seinerzeit sehr sorgfältig an der Lösung gearbeitet haben.

4.5.7 Schemelbein

Diese Aufgabe ist deswegen so schwierig, weil den meisten von uns sogar das allerbescheidenste Grundlagenwissen/die epistemische Basis fehlt. Wir sind bei der Lösung also ganz auf einen kreativen Einfall angewiesen.
Aber auch diejenigen, die etwas von Leimverbindungen verstehen, haben es nicht wesentlich leichter. Die technische Lösung ist als Hergang so komplex, daß sie nur mit großer Vorstellungskraft und gegen allgemein verbreitete Handlungsschemata vor-gedacht werden kann. Probieren ist ohnehin nicht möglich.
Also:
Der Lehrling (in unserer Aufgabe) kennt zwei wichtige Arten, Anpreßdruck für Leimungen zu erzeugen: das Zusammenpressen oder 'Einspannen' (mit Klemmen, Zwin-

gen, 'Knechten' usw.) und das Verkeilen (z.B. beim Einsetzen eines (Holz-)Hammer-Stieles). Beide Verfahren scheinen in unserem Falle auszuscheiden: Einspannen könnte man das Schemelbein nur in Längs-/in Pfeilrichtung, und dabei würde lediglich die obere Fläche des Beines gegen den Grund der Bohrung gepreßt und die ganze Wandung bliebe ohne Anpreßdruck. Das würde die Leimung nicht sehr haltbar machen! – Keile, andererseits, werden in die offenliegende Stirnfläche eines Stieles o.ä. getrieben, spalten das Ende des Bauteils leicht auf und erzeugen so den notwendigen Anpreßdruck, z.B. gegen die Bohrung im Hammerkopf.
Das wäre auch die beste Lösung für das Schemelbein! Aber das Ende des Schemelbeins liegt ja nicht offen (s.o.); wie also soll der Keil eingesetzt werden?

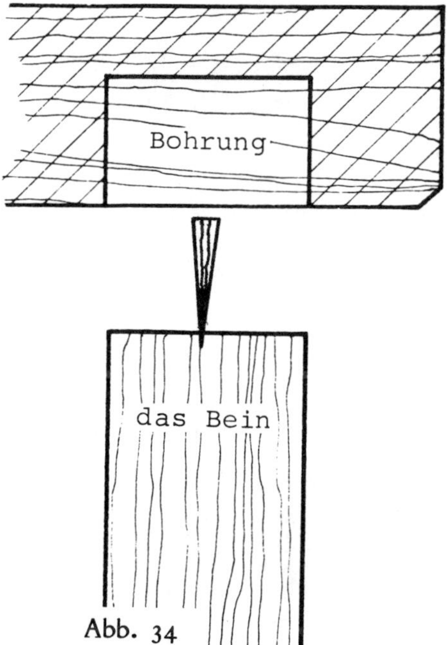

Abb. 34

Der Lehrling hat die Lösung gefunden, so, wie sie unsere Zeichnung zeigt. Der Keil ist auf den Kopf des Schemelbeins aufgesetzt. Auf die Grundfläche und an die Wände der Bohrung wird Leim gegeben, und dann treibt der junge Mann das Bein in die Bohrung. Sobald der Keil den Boden der Bohrung berührt, wird er immer weiter in das Schemelbein gedrückt, spaltet das Holz leicht auf und preßt den Kopf des Beines damit gegen die Wände der Bohrung.

(Hinweis für Bastler: Das Verfahren ist nicht ganz einfach. Man muß ein gutes Gefühl dafür haben, wie breit und wie lang der Keil sein darf, damit er das Schemelbein nicht zu rasch und zu weit auseinandertreibt, denn dann würde man es wohl kaum bis zum Boden der Bohrung einschlagen können.)

4.5.8 Neun-Punkte-Aufgaben

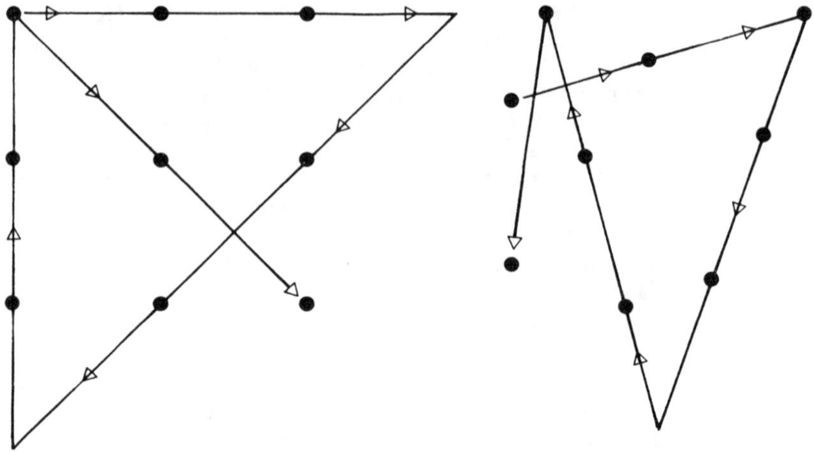

Abb. 35a/b

4.5.9 "Sei spontan!"

Spontan handelt nur, wer ohne jede Aufforderung reagiert, ganz aus eigenem Antrieb. Außerdem muß er noch schnell handeln, ohne Zeitverlust, ohne Besinnungspause; also: reagieren.

Somit kann niemand dazu aufgefordert werden, (gerade eben) spontan zu handeln und niemand handelt dann spontan, wenn er sein Handeln (vor-)überlegt, bedenkt oder gar plant.

Einen Menschen aber, der immer sehr überlegt handelt, der vielleicht sogar eine harmlose Freudenbekundung bedenkt, darf man wohl anstoßen:

"Handle ruhig (auch) einmal spontan!"

Und damit meint man ein zukünftiges Handeln, für das er seine Be-Denklichkeit ab und an vergessen sollte.

7 Glossar

Abwehrmechanismus (gegen Reize) 4.3.1

'Äußerliches' (im Arbeitsablauf) 1.1

- (bei der Aufgabenstellung) 5.1

<u>Allgemeinbildung</u> 1.2; 4.2

Schön, daß 'Glossar' sowohl für ein 'Wörterverzeichnis' (mit Erläuterungen), als auch für eine 'Sammlung von Glossen' steht. Wir/Sie brauchen also nicht alles in diesem Glossar ganz wörtlich zu nehmen.

Was z.B. soll man unter 'Allgemeinbildung' verstehen? Gibt es etwa für allgemein-Gebildete nur selten oder nie unlösbare (Problem-)Aufgaben, weil sie eben überall ('allgemein') gut Bescheid wissen? Im Ernst glaubt das wohl niemand mehr.

Aber vielleicht wird Allgemeinbildung, Bildung schlechthin, nur immer falsch definiert, denn: wenn man darunter das Bemühen um ständig neue, —▷ bessere Zugangsformen zu den Bildungsinhalten versteht und *nicht* ein ziemlich beliebiges Sammelsurium solcher Bildungsinhalte, könnte (Allgemein-)Bildung - auch im Zusammenhang mit unsrem Thema - bedeutsam werden.

Algorithmus (in der Problemlösung) (2.2.4) 2.5; 4.1.2.2

Anflüge, emotionale 3.6

Angst, sachfremde 2.2.1

Angstbereitschaft 2.2.1
—▷ Risikobereitschaft

Assoziation/assoziieren (—▷ Zusammendenken) 2.2.3 (4.1.6) 4.5.5

Aufgabe 4.1.2.2

Ausfrageexperimente 3.6

Auswertungsphase (im Brainstorming) 3.5

Basiswissen (—▷ Grundwissen) 3.1; 5.2

Bedingungen (für den kreativen Prozeß) 2.2.6

Begriffsfeld (-diagramm) 4.1.7

Beobachtung 4.4.7; 4.5

Beschränkung (im Materialangebot) 3.7

Beschreibungsmodell 4.1.3

Bewertung (einer kreativen Leistung) 2.6; 4.4

Bewertungskriterien: in den Vorbemerkungen

Beziehungen 4.3.6

Bisoziation 3.4

Sie möchten wissen, was es mit der Redensart

'ins Bockshorn jagen'

auf sich hat. Sie haben sie hin und her ge'wendet' - und Sie haben nicht viel Sinn bei ihr erschließen können, denn

- zwar braucht nicht erläutert zu werden, was ein Bocks-horn ist (- wieso übrigens Einzahl 'Bockshorn'?),
- aber was man damit erreichen kann, wenn man jemanden dort 'hineinjagt', bleibt unerfindlich.

Es gibt keine sichere sprachgeschichtliche Erklärung der Redewendung, nur eine recht naheliegende:

Wenn Sie A. DÜRERS Kupferstich 'Ritter, Tod und Teufel' zur Hand nehmen, können Sie den Teufel (—▷ den 'Bock' - denn man nannte ihn nicht beim wahren Namen!) mit dem Horn sehen, mit nur einem.

Der Teufel verwirrte die Seelen. Vor ihm mußte man erschrekken, sich fürchten ... Und wahrscheinlich deswegen rät man einem Menschen, sich nicht 'vor das Horn des Teufels'/'ins Bockshorn' jagen, also sich nicht verwirren, erschrecken, einschüchtern zu lassen.

Brainstorming 3.5

Computer 3.3

Definieren (die Fähigkeit zu ...) 2.2.3

Denken

- Bewertungsunterschiede(?) 2.5
- divergentes/laterales (schweifendes) 2.1; 2.2.1; 2.5
- konvergentes/vertikales (folge-richtiges) (2.2.1) 2.5; 4.1.7
- Struktur (des Denkens) 3.2; 4.5.5
- " unterschiede 2.5
- Zusammenwirken (von konvergentem und divergentem D.) 2.5

Denkrichtung 4.5.5

Disziplin 3.5

Einflüsse 2.6

- fördernde; - hindernde (für den kreativen Prozeß) s.a. Übersicht

—▷ institutionalisierte 2.6

Einsicht, selbst erworbene 3.2

'Einstellung'/Fixierung/Festlegung 3; 4.4.3; 4.4.4

Elaboration (2.2.5) 4.1.7; 4.3.6

- elaboriert/elaborieren (von (lat.) ex - laborare = aus - arbeiten)

In der Erziehungswissenschaft wird häufig der Begriff 'elaborierter Code' verwendet. Gemeint ist ein (hoch-)entwickeltes verbal-sprachliches Informations'system'. Es ist die Sprache unserer 'gehobenen' Literatur und unserer Lehrbücher. (Der Gegensatz: restringierter = zurückgesetzter/eingeschränkter Code = die Sprache, die eine Verständigung nur(!) auf niedrigem Niveau erlaubt; 'Unterschichtsprache'.)

Im elaborierten Code wirken ein großer Wortschatz (- auf sorgfältige Begriffsbildung aufgebaut) und sichere Satzkonstruktion zusammen. Selbstverständlich beherrscht der 'elaboriert' Sprechende die Rechtschreibung, die Grammatik und die Zeichensetzung.

Das Gemeinte wird unmißverständlich und mit einer gewissen Ästhetik dargestellt.

Im Deutschen ist das oft schwieriger als in anderen Sprachen, denn wir dürfen z.B. unsere Sätze sehr frei bilden, müssen nicht unbedingt die Folge 'Subjekt - Prädikat - Objekt', also Satzgegenstand - Satzaussage - Ergänzungen, einhalten. Damit ändern sich vielfach sogar Wortbedeutungen, fast immer aber der Sinn des Satzes. Das alles macht den Umgang mit unserer Sprache zwar sehr interessant, aber nicht gerade leicht.

TORRANCE spricht von der 'Unfähigkeit zur Elaboration' als von der einzigen Eigenschaft, in der sich (Schul-)Drop-Outs von ihren begünstigten Mitschülern unterscheiden (s. das Zitat im Haupttext). Wir haben bei den Vorarbeiten zu diesem Buch nicht untersuchen können, ob er damit recht hat. Aber offenbar gibt es wenigstens keine weiteren auffälligen Eigenschaften/ —▷ Unfähigkeiten bei unseren Schulversagern. Wenn es also gelänge, die Elaborationsfähigkeiten möglichst vieler unserer Schüler grundlegend zu verbessern, könnte damit auch viel am völlig überflüssigen Schul'versagen' geändert werden. Außerdem besteht natürlich ein unmittelbarer Zusammenhang zwischen der Elaborationsfähigkeit und der Kreativität, denn elaborierte Sprache (z.B.) ist eines der wichtigsten 'Werkzeuge' bei kreativem Tun - nicht nur für Dichter!

Deswegen: Pflegen wir die Sprache, üben wir das Elaborieren!

Aber beachten Sie: 'elaborieren' heißt nicht nur 'Sprache ausarbeiten'! Jeder Gedanke, jeder Einfall usw. kann oder muß elaboriert werden. (Unsere Versuche mit der Sprache sind also nur Beispiele - allerdings mit einem Medium, an dem das Beabsichtigte besonders deutlich aufgezeigt werden kann.)

Entdeckung (Wieder-) 4.3.1; - spontane 4.3.2

Entwickeln 4.3.2

Exzentrizität 2.3

<u>Intelligenz</u>

Im Haupttext ist das Verhältnis von Intelligenz und Kreativität nur ganz knapp behandelt worden. Für unser Vorhaben in einer 'Schule der Kreativität' reicht das aus, denn tatsächlich sind Beziehungen zwischen Intelligenz und Kreativität nur bis zu einem IQ von ~ 120 sicher nachzuweisen (- bei niedriger Korrelation). Aber es ist nützlich, Intelligenz noch einmal so zu definieren, wie wir sie im Zusammenhang mit unserem Thema verstanden wissen wollen, als

> K e n n t n i s von Konzepten bzw. als die Fähigkeit zur N e u - b i l d u n g solcher Konzepte.
>
> Dazu gehört weiter, daß der 'Intelligente'
>
> H i l f s o p e r a t i o n e n (zur Anwendung seiner Konzepte)

entwickeln kann.

Wer genau hinsieht, bemerkt, daß hier zwei verschiedene Erscheinungsformen der Intelligenz beschrieben worden sind, die

kristalline Intelligenz (Ic), für die die breite, jederzeit verfügbare Grundlage/Basis an Informationen, Operationen und Algorithmen bezeichnend ist (—▷ 'kennen') und die

fluide Intelligenz (If), bei der das Entwickeln (—▷ Vorausdenken, Vergleichen usw.) den Ausschlag gibt.

DieKurve in unserer Abb. stellt die altersbedingte Veränderung der fluiden Intelligenz (If) zwischen dem 20. und dem 60./70. Lebensjahr dar. Für intelligentes Handeln allerdings ist zu beachten, daß sich im Laufe eines langen Lebens natürlich vielerlei Konzepte, Algorithmen usw. ansammeln und - bei einiger Übung - für Problemlösungen verfügbar bleiben, daß also ein Nachlassen fluider Intelligenz durch das Zurückgreifen auf kristalline Intelligenz ausgeglichen werden kann.

- und wenn dazu die ständig weiter geübte Kreativität tritt, kann das die oft verblüffenden schöpferischen Leistungen älterer Menschen erklären.

= gegen die landläufige, —▷ anscheinend schlüssige Ansicht.
Das Wort verdanken wir (natürlich!) den alten Griechen - und nicht nur, weil der Überlieferung nach die ersten weltbekannten Paradoxa in der griechischen Philosophenschule der Sophisten formuliert und nach-gedacht worden sein sollen. Seither wird 'das Paradoxe' mit seinen nicht eben leicht zu erkennenden inneren Widersprüchen und Trug-Schlüssen(?) von den Philosophen gerne in der dialektischen Auseinandersetzung mit Sachverhalten benutzt, die an der Grenze dessen liegen, was wir ganz un-befangen denken möchten.
(Noch) ein Beispiel?
Was meinen Sie:

Ist es wahr, wenn der Mann aus Kreta kurz und bündig behauptet: "Alle Kreter lügen!"?

- und für Mengen-Theoretiker (nach RUSSELL):

Der Barbier ist der Mann im Dorf, der alle Männer des Dorfes rasiert, die sich nicht selbst rasieren. - Rasiert sich der Barbier selbst?

chen: Kenntnisse können nur wiederverwendet werden, wenn sie in beiden Aufgaben weitgehend identisch sind, und Fähigkeiten werden nur auf der elementaren Ebene, der Ebene des Grundlegenden, des Wesent-lichen übertragen. Bis dorthin also muß ein Lernvorgang zurückgeführt werden, damit überhaupt etwas trans-feriert werden kann.

Literatur

1. Ziemlich harte Theorie

DÖRNER, D.: Problemlösen als Informationsverarbeitung; Stuttgart, 1976

LÜER, G.: Gesetzmäßige Denkabläufe beim Problemlösen; Weinheim, 1973

ROHR, A. R.: Kreative Prozesse und Methoden der Problemlösung; Weinheim, 1975

SMOLEY, F.: Kreativitätserziehung in der Schule; Wien, 1983

[KLIX, F.: Information und Verhalten; Berlin (Ost), 1976]

2. Beiträge

BERGIUS, R.: Produktives Denken (Problemlösen); in: Handbuch der Psychologie, 1964, Bd. 1 (und 2)

GOODNOW/PORTMANN: Das Lernen von Wahrscheinlichkeiten in einer Problemlösungssituation; in: GRAUMANN, C. F.(Hrsg.), 1971

GRAUMANN, C. F.(Hrsg.): Denken; Köln/Berlin, 1971

SÜLLWOLD, F.: Bedingungen und Gesetzmäßigkeiten des Problemlösungsverhaltens; in: GRAUMANN, C. F.(Hrsg.), 1971

3. mit mehr oder weniger deutlichen Bezügen zur Praxis

BANNISTER/FRANSELLA: Der Mensch als Forscher; München, 1981

CROPLEY, A. J.: Kreativität und Erziehung; München, 1982

DUNCKER, K.: Zur Psychologie des produktiven Denkens; Berlin, (1935) 1963

FRANKE, H.: Problemlösen und Kreativität; Goch, 1980

LANDAU, E.: Psychologie der Kreativität; München, (1969) 1974

MATUSSEK, P.: Kreativität als Chance; München, 1979

MÜHLE/SCHELL (Hrsg): Kreativität und Schule; München, 1970
darin besonders:
GUILFORD, J. P.: Kreativität; und: Grundlegende Fragen bei kreativitätsorientiertem Lernen;
HALLMANN, R. J.: Techniken des kreativen Lernens;
TORRANCE, E. P.: Die Pflege schöpferischer Begabung;

PREISER, S.: Kreativitätsforschung; Darmstadt, 1976

ULMANN, G.: Kreativität; Weinheim, 1968

(Dies ist natürlich nur eine ziemlich einseitige, vom 'Geschmack' der Verfasser bestimmte Auswahl aus einem sehr umfangreichen Literaturangebot!)

Danksagung

Der pluralis majestatis in diesem Buch ist keine Stilmarotte. Teamarbeit war immer wieder gefragt.

Frank war der wichtigste Mitarbeiter: kritisch gegenüber dem Inhalt und der Form bis zur Streitlust, hilfreich mit vielen glänzenden Einfällen, die das 'Gesamtwerk' wesentlich bereichert haben.

Wertvolle Beiträge verdanken wir einer Studentengruppe meines Seminars, die viele der neueren Aufgaben brav durchgespielt und - wenn nötig - mit-bearbeitet hat.

Nützlich war die naive Verständnislosigkeit freundlicher Mitmenschen, denen wir - ganz unvorbereitet - unsere Aufgaben stellen durften. Sie haben uns schnell auf den Boden der Tatsachen, hier: zum Allgemein-Verständlichen zurückgerufen.

Es gibt inzwischen eine ganz ansehnliche Reihe von Veröffentlichungen, die sich mit der Kreativität beschäftigen. Trotzdem hat es mein Verleger gewagt, auch dieses Buch hier noch einer geneigten Leserschaft vorzulegen. Der vorletzte Dank gebührt ihm.

Ihnen schließlich, meinen Lesern, danke ich dafür, daß Sie bis zu dieser letzten Seite durchgehalten haben.

H. Dinter